FÜR LISA

Lohses

MUNDWERK

Inhaltsangabe

WER IST CHRISTIAN LOHSE?

Wer Christian Lohse das erste Mal begegnet, könnte meinen, Lohse sei einer jener Pfarrer, die ihr gottesfürchtiges Dasein in Demut der Provinz verschrieben haben, wo sakrale Momente noch zum Alltag gehören, der Sonntag heilig ist, der Glaube in Bittprozessionen Triumphe feiert und die andächtige Volksseele aus voller Überzeugung die Knie vorm Venerabile beugt.

Dabei ist Christian Lohse einer der besten und vor allem charismatischsten deutschen Köche und alles andere als ein frommer Chorknabe. Zwar trägt sein sanft wirkendes rundes Gesicht mit der hohen Stirn in vielen Zügen den unwiderstehlichen Charme der personifizierten Unschuld, doch Christian Lohse ist ein selbstbewusster Mensch mit Ecken und Kanten. Manchmal unbequem, aber immer ohne egomanischen missionarischen Eifer und ohne den Hang zur substanzlosen Selbstdarstellung. Lohse redet nicht gerne um den heißen Brei herum, seine Statements zur allgemeinen Lage der Welt und der Küche insbesonders sind kurz und knapp, deutlich in der Sprache und treffend in der Sache. Blinder Glaube und unreflektierter Obrigkeitsgehorsam, auch am Herd, sind nicht sein Ding. Der Mann, dessen fast kahlrasierter Schädel die einstige Haarpracht nur mühsam erahnen lässt, ist ein scharfsinniger und scharfzüngiger Beobachter, ein kritischer Geist, ausgestattet mit jener intelligent dosierten Portion Esprit, die verbale Schläge abfedert und erträglich macht. Ein humorvoller Zeitgenosse, der feine Stiche setzen kann, die niemals ins Grobe abgleiten.

Vor allem glaubt Christian Lohse an das Gute im Essen, ohne dabei seine Zunft zu verklären und sich selbst in den Rang eines medienverliebten Küchengotts zu heben, auch wenn ihm die Gäste immer wieder zu Füßen liegen und die Kritiker bei seinen Kreationen nicht mit Lob sparen. Wird es überschwänglich, wird Lohse misstrauisch, dann wirkt er fast ein wenig zu bescheiden und zurückhaltend. Doch immer verbergen sich hinter den schelmisch blitzenden Augen die Lebensweisheiten eines erfahrenen Koches und eines weltgewandten Bonvivants, der mit Mephisto'schen Weisheiten dem banalen, aber auch exaltierten Leben am Herd und auf der Straße trotzt.

Deutsche Hausmannskost

Geboren wurde Christian Lohse 1967 in Bad Oeynhausen, einem Kurort in der ostwestfälischen Provinz zwischen Weserbergland und Teutoburger Wald. Eine unaufgeregte Region, die Ruhe und Gelassenheit bis zur sprichwörtlichen Sturheit kultiviert, gleichzeitig Verlässlichkeit und Bodenständigkeit zur landsmannschaftlichen Tugend erhoben hat. Vieles ist in Ostwestfalen unerschütterlich wie das Gefühl, dass der Zeitgeist auch mal vor der Tür bleiben muss und Entschleunigung keine Erfindung moderner Zeiten sind. Wer wie Christian Lohse bekennend aus Ostwestfalen kommt, scheint eine Balance in sich zu tragen, die nur schwer aus dem Gleichgewicht zu bringen ist. Es kann aber auch die Ruhe vor dem Sturm sein.

Christian Lohse wächst in einem behüteten Elternhaus auf. Der Vater ist Möbelkaufmann, die Mutter Drogistin und Oma Elisabeth die gute Seele der Familie. Und dann gibt es noch Tante Hella, die es bis zur Marketingleiterin von Renault Europa gebracht hat, und Onkel Willi, den Exoten in der Familie. Der aufmüpfige und mutige Westfale Willi aus Wanne-Eickel flieht bei Nacht und Nebel vor den Nationalsozialisten, landet mitten in Frankreich in der Corrèze und hat schnell das französische Savoir-vivre verinnerlicht. Onkel Willi ist der ausgewiesene Gourmet und Gourmand in der Familie. Eigene Hühner, Stallhasen, Schafe und Lämmer gehören wie selbstverständlich zu seiner Grundausstattung. Und Onkel Willi ist ein Mann mit Prinzipien, die er am liebsten bei einem guten Essen und einem noch besseren Glas Wein zum Besten gibt und sie manchmal so hoch hängt, dass er mit einem Augenzwinkern darunter durchspazieren kann. Eine gesunde Mischung aus westfälischem Dickschädel und französischem Laisser-faire.

La France profonde

Onkel Willi spielt eine wichtige Rolle im Leben von Christian Lohse, von ihm lernt er die von Respekt geprägte Perspektive auf

das Spannungsverhältnis zwischen niedlichem Haustier und Schlachtung, Tod und Genuss. Ein Kreislauf, der im ländlichen Frankreich zum Alltag gehört, ist er doch die Basis für den Ruf des Landes als Feinschmeckerparadies. Mit sechs Jahren schlachtet Christian Lohse bei Onkel Willi sein erstes Karnickel, einige Jahre später das erste Schaf und mit 16 Jahren kommt ihm das erste Rind unters Messer. Es sind im wahrsten Sinne des Wortes einschneidende Erlebnisse, die Lohse in seinem späteren Berufsleben zu Gute kommen werden. In den Ferienwochen bei Onkel Willi, die eine willkommene und spannende Abwechslung zum schnöden Schulalltag sind, lernt Christian Lohse die französische Mentalität kennen und lieben und erfährt am eigenen Leib was es heißt, wenn Essen eine täglich wiederkehrende zentrale Rolle nicht nur innerhalb der Familie einnimmt, sondern als gesellschaftliches Modell einer ganzen Nation dient. Auch in der tiefen französischen Provinz ist das Wissen über Produkte und deren Zubereitung weit ausgeprägt und ein permanentes Gesprächsthema. Nicht selten gestaltet sich der Einkauf auf dem Markt und in der Boulangerie, Boucherie oder Charcuterie als Ausflug in die Höhen der unnachahmlichen Kochkunst, die für Onkel Willi und seine Freunde natürlich nur in Frankreich zu Hause ist. Man philosophiert angeregt über Zubereitungsmethoden, prüft mit kritischen Augen, erfahrener Nase und geschickten Fingern die Qualität von Fisch, Fleisch und Gemüse und zitiert nebenbei Rezepte berühmter französischer Köche, die, im Gegensatz zu den Politikern, den ungeteilten Respekt der Grande Nation genießen. Christian Lohse gefällt diese Sicht auf das Essen, das trotz der Alltäglichkeit immer einen besonderen Glanz behält und nie in die Banalität der schlichten und gedankenlosen Nahrungsmittelaufnahme abgleitet. Der unbändige Stolz der Franzosen auf ihre Küche, die sie als Kulturbeitrag für die Menschheit verstanden wissen möchten, beeindruckt den jungen Lohse und lässt in ihm den Entschluss reifen, sich nach der Schule in irgendeiner Form mit dem Savoir-vivre zu beschäftigen.

French Connection

Nach einer mehr oder weniger glanzlosen Schulkarriere, die zwei Jahre länger als vorgesehen dauert, verlässt Christian Lohse das Gymnasium in Bad Oeynhausen mit bestandenem Abitur in der Tasche. Wenn schon Abitur, dann auch ein Studium, denkt sich Lohse und spielt mit dem Gedanken, sich an der Universität für die Fächer Geschichte und Französisch einzuschreiben. Doch die Aussicht auf das stupide Auswendiglernen von Daten und Vokabeln lässt ihn schnell zweifeln und er besinnt sich seiner Ferientage bei Onkel Willi in der Corrèze. Die Kindheitserinnerungen an dampfende Pfannen und Töpfe, in denen Onkel Willi mit Hingabe Fleisch und Fisch brutzelte, dabei Kräuter und Gewürze mit leisem, fast geheimnisvollem Murmeln dazugab, um wie mit einer Zauberformel das Gericht zu veredeln, weckt in ihm die Idee, Koch zu werden. Denn Köche scheinen für Lohse nicht nur direkt an der Lebensader zu arbeiten und damit etwas Essentielles zu leisten. Es scheint ihm, als seien sie Freigeister, die nicht an althergebrachten Rezepten kleben müssen, sondern mit ihren Ideen geschmackliche Revolutionen lostreten und den Menschen mit ihrem Handwerk für Momente ein kleines Stück Glück ins Gesicht zaubern können, das unvergessene Erinnerungen jenseits der Sattheit schafft.

Für den jungen Christian Lohse eine verlockende Vorstellung, die Kochbücher von Paul Bocuse und Gaston Lenôtre kennt er ohnehin schon fast auswendig. Der Traum vom umjubelnden Küchenstar, der als strahlender Held in die Heimat zurückkehrt, beflügelt Lohse, sich in das Abenteuer Kochlehre in Frankreich zu stürzen. Noch ahnt er nicht, dass die Ausbildung von militärischer Disziplin geprägt ist und die Küche einem strengen Regelwerk unterliegt. Was hier zählt, ist allein der Erfolg. Und er macht sich keine Vorstellung darüber, wie es sich als Deutscher mitten unter Franzosen arbeiten und leben lässt, wie viele Ressentiments auch heute noch in den Köpfen existieren, die Lohse immer wieder zu spüren bekommen wird.

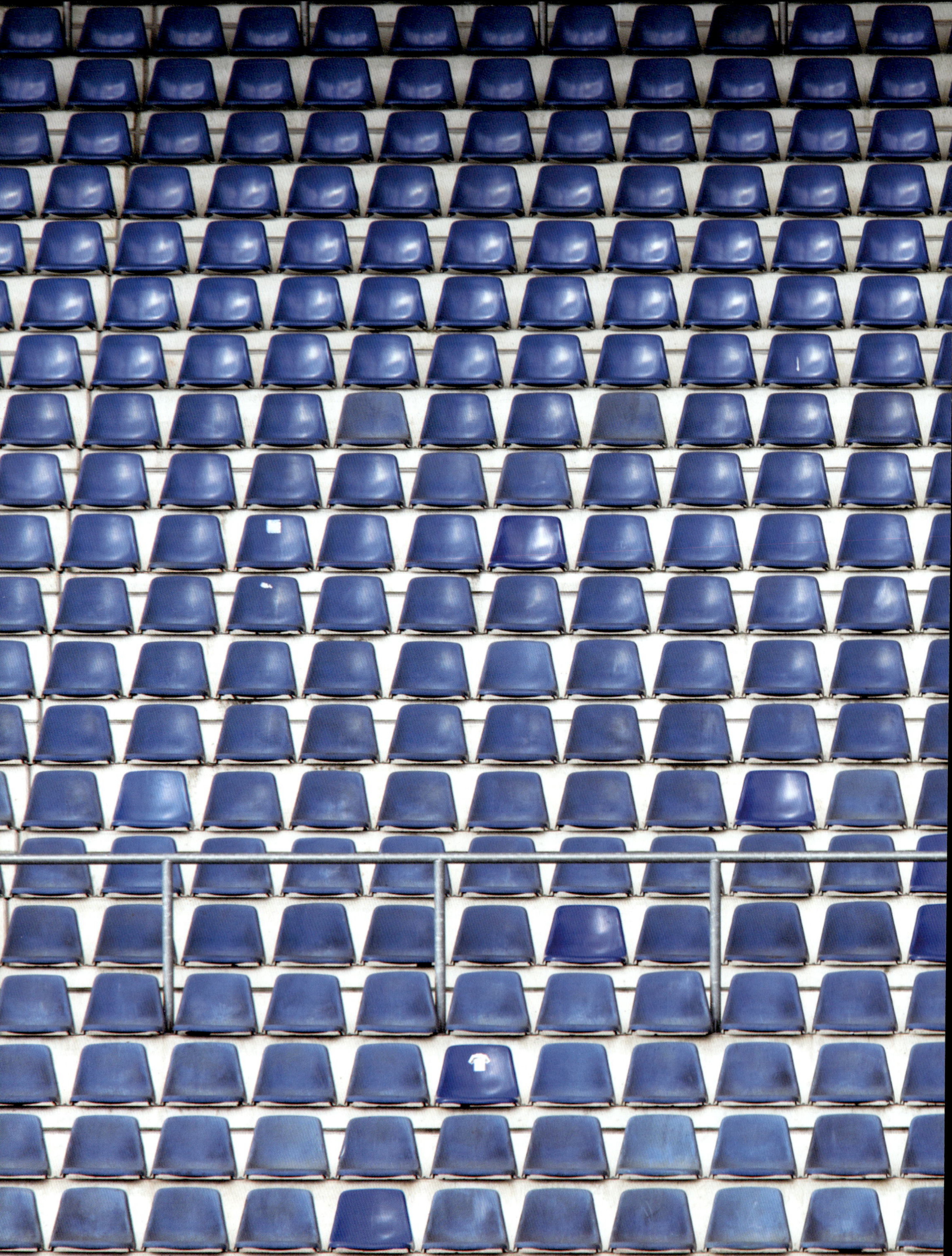

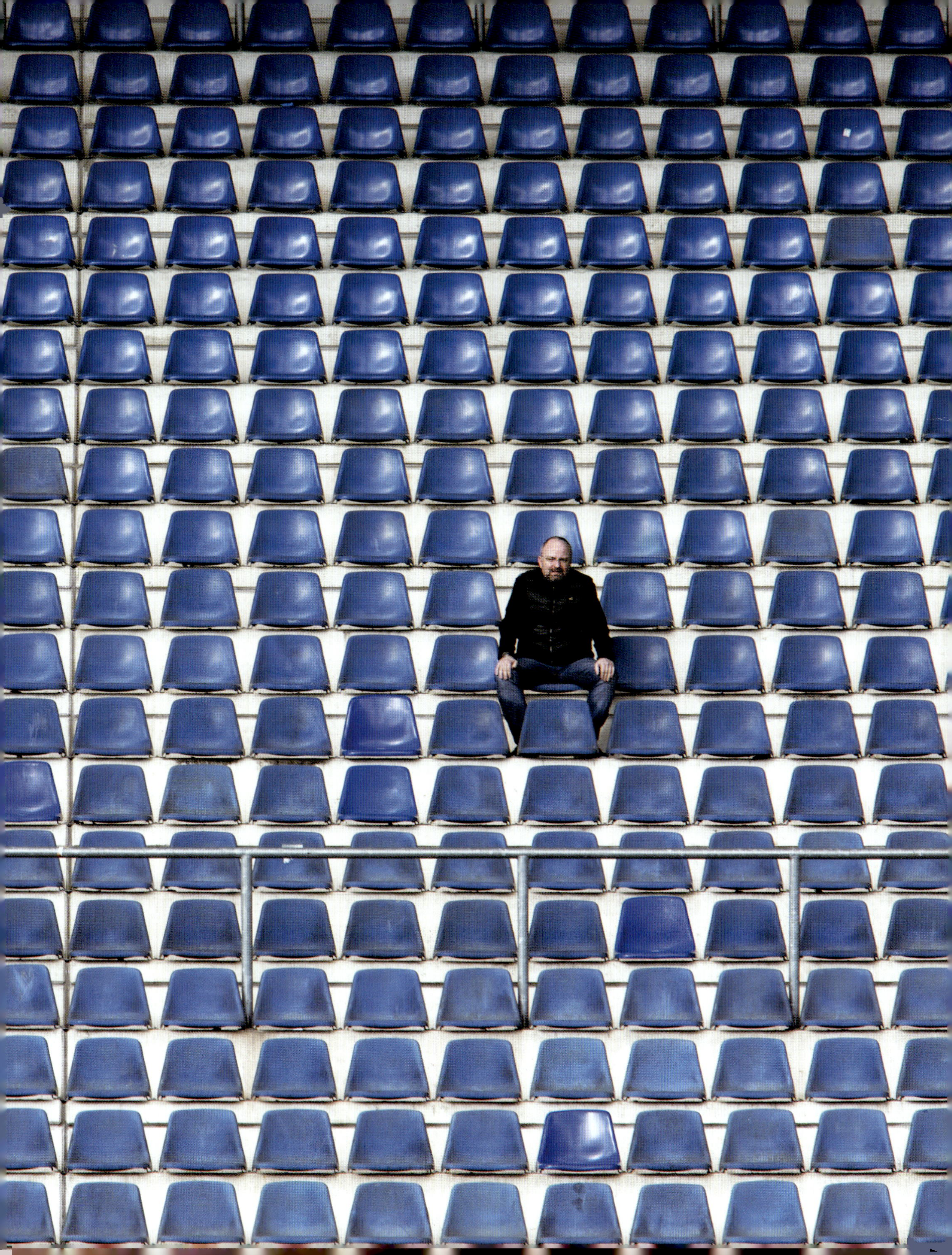

Tour de France, nichts für Weicheier

Daher macht er sich mit einer gehörigen Portion Selbstvertrauen und jugendlichem Leichtsinn nach Frankreich auf. Sein Weg führt ihn nach Dijon, mitten ins Herz der alten Grafschaft Burgund, jener stolzen Region, die dem französischen König lange Zeit die Stirn geboten und bis heute ihren eigenen Charme bewahrt hat. Hier wachsen nicht nur einige der berühmtesten Weine der Welt, das Burgund ist auch für seine bodenständige Küche bekannt, die trotz ihrer herzhaften Deftigkeit die Raffinesse der Haute Cuisine zulässt. Ein Meister, der diese Gratwanderung perfekt beherrscht, ist Jean-Pierre Billoux. Sein Restaurant an der Place de la Libération in Dijon ist eine burgundische Institution und zählt zu den besten im Land, dort wird Lohse mit zurückhaltender Freundlichkeit und französischer Contenance empfangen. Die Kollegen geben sich skeptisch. Ein junger selbstbewusster Deutscher, der mit lückenhaften Sprachkenntnissen das Kochhandwerk in der französischen Provinz und nicht in der glitzernden Hauptstadt erlernen möchte, ist selten und mutet für die altgediente Küchenbrigade von Billoux fast ein wenig exotisch an. Doch der junge Deutsche bekommt seine Chance, wird mit strenger Hand gefordert und gefördert, erfährt, was Verlässlichkeit und Zusammenhalt, Teamgeist und kreative Freiheit auch in Stresssituationen bedeuten, und erlebt, bei allem Stolz auf die Zunft, wie wichtig Demut und Respekt vor der eigenen Kunst sind. Aber er wird auch immer wieder mit der Vergangenheit konfrontiert, als Deutsche das Land besetzten und den Stolz der Grande Nation befleckten. Lohse hält durch und nach acht harten Monaten spricht er nicht nur fließend Französisch und beherrscht alle Küchenflüche, sondern besteht auch mit Bravour seine Kochlehre. Der Ritterschlag für den jungen deutschen Koch, der jetzt am Anfang seiner Lehr- und Wanderjahre steht.

Erste Station nach der Lehre ist das Pariser Restaurant von Guy Savoy, einem der Väter der Nouvelle Cuisine und dekoriert mit drei Michelin-Sternen. Nach dem Engagement in Paris zieht es Lohse in die Touraine, den Garten Frankreichs mitten im

Herzen des Landes. In Tours arbeitet er für einige Monate im legendären Restaurant von Charles Barriere, der für seine Kochkunst als bester Handwerkskünstler Frankreichs und mit drei Michelin-Sternen ausgezeichnet wurde. Heimweh hat Christian Lohse eigentlich nicht, der Ostwestfale fühlt sich wohl in Frankreich. Doch das «Douce France», das Charles Trenet in seiner berühmten Liebeshymne an Frankreich besungen hat, zeigt sich nicht immer von seiner lieblichen Seite. Als im November 1989 in Berlin die Mauer fällt, wächst in Frankreich die alte Angst vor einem neuen Großdeutschen Reich mit nationalistischem Größenwahn.

Adieu la France, welcome London

Für Lohse ist jetzt die Zeit gekommen, Frankreich Adieu zu sagen. Als sich die Chance bietet, als Entremetier im Gourmetrestaurant «Schwarzer Hahn» im Deidesheimer Hof an der Seite von Manfred Schwarz und seinem Küchenchef Markus Nagy zu kochen, packt er seine Koffer und zieht in die Pfalz. Die ersten Wochen in Deidesheim sind für beide Seiten nicht leicht. Markus Nagy hat seine Lehre in Deutschland absolviert und in Berlin, Hamburg und Baiersbronn gekocht. Christian Lohse kommt aus der französischen Kochwelt, die andere Akzente setzt: Brunnenkressesuppe, Risotto oder gar hausgemachte Nudeln kommen in Lohses Repertoire nicht vor. Die erste Warenlieferung, die er für das Restaurant annehmen soll, wird zum Fiasko. Wer diesen Sondermüll bestellt hat, will Lohse wissen, und lässt die Ware zurückschicken. Markus Nagy ist außer sich. Doch nach und nach arrangieren sich die beiden, finden zusammen, werden schließlich verlässliche Partner am Herd und Freunde.

Als Lohse die Pfälzer Provinz zu eng wird, wechselt er nach London ins Luxushotel *The Dorchester*, das sich im Besitz des Sultan von Brunei befindet und gerade für die stolze Summe von 375 Millionen Pfund renoviert wurde. Sechs Küchen sind im britischen Traditionshaus untergebracht, in denen rund 140 Köche arbeiten. Hier lernt Lohse, wie eine groß angelegte Küche reibungslos funktioniert, denn Caterings für mehrere tausend Personen sind keine Seltenheit. Doch auf ihn wartet noch eine andere Aufgabe im Hotel. Für sechs Monate wird er als Leibkoch des Sultans berufen und steht dem Monarchen, der zu den reichsten Menschen der Welt gehört, Tag und Nacht zu Verfügung. In seiner knappen Freizeit versucht sich Lohse als Rugbyspieler. Die Sportart kommt seiner robusten Statur entgegen, die er seit der Jugend mit Boxen und Taekwondo fit hält.

Nach seiner Londoner Zeit zieht es Christian Lohse für kurze Zeit nach Frankreich zu Marc Meneau in Vézelay, wieder einem honorierten Koch, der im Jahr 1983 seinen dritten Michelin-Stern bekam und vom *Gault Millau* zum besten französischen Koch des Jahres gekürt wurde. Danach wechselt Lohse mit nur 24 Jahren nach Hannover und wird Küchenchef in *Schuhs Restaurant* im Schweizerhof, wo ihm 50 Köche unterstehen. Keine leichte Aufgabe, doch am Herd kann Lohse die Kollegen mit seinem französisch geprägten Kochstil begeistern und mitreißen. Nur seine straffe Personalführung „à la française“ führt immer wieder zu Missverständnissen und Unmut und so beschließt Lohse, sein eigener Herr zu werden und sich selbständig zu machen.

Kampf gegen Windmühlen

Diese Idee führt ihn zurück in seine Heimatstadt Bad Oeynhausen. Voller Enthusiasmus eröffnet Christian Lohse 1992 sein Restaurant in einer alten holländischen Windmühle, wenige Kilometer vor der Stadt und der Erfolg lässt nicht lange auf sich warten. Die Gäste sind begeistert, die Presse voll des Lobes. Lohse bekommt seinen ersten Michelin-Stern, wird Aufsteiger des Jahres im Restaurantguide *Gault Millau*, danach folgt der zweite Michelin-Stern. Christian Lohse ist jetzt der neue Star am Kochhimmel und er genießt den lang ersehnten Ruhm. Doch der Erfolg ist teuer erkauft. Von Privatleben keine Spur, Lohse ist am Rande der Erschöpfung. Sein Tag beginnt morgens um sieben und endet kaum eine Nacht vor zwei Uhr. Dazwischen liegen

Einkauf, Vorbereitungen in der Küche, Besprechungen mit der Küchenmannschaft und natürlich das Kochen. An seinem freien Tag stehen Büroarbeit und Buchhaltung auf dem Programm. Immer mehr entwickelt sich die *Windmühle* für Lohse zur Tretmühle. Doch der Erfolg muss um jeden Preis gehalten werden, daran gibt es für ihn keinen Zweifel. Während er mit unerbittlicher Härte die Küchencrew zu Höchstleistungen anspornt, verliert er nach und nach seine Kreativität und ihm fallen keine neuen Gerichte mehr ein. Ein Teufelskreislauf beginnt, an dessen Ende die Insolvenz des Restaurants steht. Als die Bank die Kreditlinie kündigt, ist das Abenteuer *Windmühle* nach fast zehn Jahre vorbei.

So schmerzlich für Lohse das Scheitern in seiner Heimatstadt ist, so hart sich die finanziellen Konsequenzen, die er daraus zu tragen hat, anfühlen, so befreiend wirkt letztendlich die Schließung seines ersten eigenen Restaurants. Mit der Auflösung des Pachtvertrages fallen von Lohse alle Fesseln ab, die ihn seit Jahren drückten. Und es folgt die späte Erkenntnis, dass er für das Leben auf dem Land nicht gemacht ist, dass die von vielen gesuchte Einsamkeit und Ruhe dem quirligen Koch ein Stück Leben vorenthält, das er wie die Luft zum Atmen braucht. Lohses Sehnsucht nach unterhaltsamer Gesellschaft, nach unterschiedlichsten Menschen, skurrilen Typen, dem Italiener um die Ecke, buntem Leben auf der Straße, dem Absacker in der schummrigen Bar, Ausstellungen, Museen, Oper und einfach allem, was eine Großstadt ausmacht, führt ihn nach Berlin. Die boomende Hauptstadt scheint für Lohses Landflucht genau das richtige Pflaster zu sein. Dass er dabei vom Regen in die Traufe kommt, ahnt er nicht.

Ich werde ein Berliner

Lohses Berliner Jahre beginnen im Jahre 2002 im *Schlosshotel im Grunewald*, einem Luxushotel im ehemaligen Palais Pannwitz, das bereits in den 1960er und 1970er Jahren ein beliebter Treffpunkt für Prominente, Stars und Sternchen ist. Geleitet wird das

Hotel von Uta Felgner, einer schillernden Persönlichkeit aus der ehemaligen DDR, die medienwirksame Auftritte liebt. Christian Lohse begegnet Felgner von Anfang an mit Skepsis und die Zusammenarbeit mit der selbstsicheren Frau gestaltet sich schwierig. Nach und nach werden Stimmen laut, die Uta Felgners Qualifikation anzweifeln, ja sogar ihren Lebenslauf in Frage stellen. Als im Spätherbst 2009 Journalisten der *Berliner Morgenpost* Felgners Verstrickungen in das SED-System, ihren gefälschten Lebenslauf und ihre Stasitätigkeit aufdecken, platzt die Bombe. Das Lügengerüst der Vorzeigefrau bricht wie ein Kartenhaus zusammen, schnell werden aus einstigen Bewunderern und Förderern der skandalumwitterten Dame besorgte Kritiker.

Fischers Fritz & Lohses Mundwerk

Christian Lohse arbeitet zu dieser Zeit längst nicht mehr in Grunewald, sondern mitten im Zentrum Berlins. Nach nur zwei Jahren Zusammenarbeit mit Felgner verlässt er Ende 2004 das *Schlosshotel* und übernimmt im Hotel Regent das Restaurant *Fischers Fritz*. Der vor allem für das internationale Publikum skurril klingende Name passt nicht nur ideal zu Lohses legendären Fischspezialitäten, sondern auch zur unkonventionellen Art von Christian Lohse, der in kein übliches Klischee eines mit zwei Michelin-Sternen ausgezeichneten Spitzenkochs passt. Lohse ist immer anders, immer bunt und immer authentisch. Er ist Ostwestfale geblieben und Berliner geworden, hat beide Mentalitäten in einem stur-toleranten und heimatverbundenen weltoffenen Charakter vereint, der über den Tellerrand hinausschaut. Manchmal weit nach vorne, manchmal nur um die Ecke, und in Sachen Fußball bis nach Bielefeld zur Arminia, die ihm bis heute am Herzen liegt. Lohse ist ständig in Bewegung, ein quirliger Zeitgeist und ein Mensch voller Überraschungen, die es lohnt zu entdecken. Fragt man ihn nach seinem Musikgeschmack, reichen seinen Vorlieben von klassischer Musik über die englische Progressive-Rock-Gruppe King Crimson, Miles Davis und Metallica bis in die Berliner Techno-Szene. Und er liebt Kochbücher, in denen er stundenlang schmökern kann, von denen er sich inspirieren aber auch abschrecken lässt und die er als wichtigen Beitrag zur Sozialisierung von Essen und Trinken betrachtet.

Es ist noch Suppe da

Christian Lohses erstes Buch gibt einen kleinen, aber intensiven und spannenden Einblick in seine Welt. Es ist kein Vermächtnis eines hoch dekorierten und angesehenen Spitzenkochs, vielmehr ein Kochbuch fernab von Standesdünkel, das Christian Lohse aus der Seele und aus dem Herzen spricht und das seine Idee vom guten Essen auch in Suppen und Eintöpfen widerspiegelt. Denn im vermeintlich Einfachen liegt für Lohse nicht nur ein gutes und echtes Stück geschmacklicher Wahrheit, sondern es ist für ihn eine Basis, die tiefste Zufriedenheit schaffen kann und damit Essen zu dem macht, was es sein soll: die sättigende Befriedigung aller Sinne bis hin zum berauschenden Glücksgefühl.

Und wo könnte Christian Lohse mit diesem Anspruch besser ansetzen als bei der Suppe, die in der Regel nicht nur am Anfang eines mehrgängigen Menüs steht, sondern über Jahrhunderte hinweg neben dem Brot als Solitär und auch als Synonym für eine sättigende Mahlzeit stand. Die „warme Suppe“ ist bis heute sprichwörtlich und der Ausdruck einer soliden Grundversorgung: Die Suppe als integratives Moment, als zwischenmenschliche und Gesellschaftsschichten übergreifende Lösung gegen den Hunger und als ideale Speise für wärmende, manchmal auch kühlende Augenblicke. Suppe ist für alle da! Dieser Gedanke begleitet Lohse, wenn er Suppenklassiker aufschreibt, neue, ausgefallene Eintopfrezepte entwirft und gemeinsam mit Freunden kocht und isst.

Alles reine Topf-Sache

Suppe als Verlegenheitslösung aus der Dose oder Tüte? Lohse beweist, dass sie das genausowenig sein muss wie der Eintopf oder

der Gratin, meist ein Sammelsurium aus verschiedenen Zutaten und in Lohses kulinarischer Gedankenwelt weit mehr als eine sinnvolle Resteverwertung. Vielmehr bedeutet der Eintopf für Lohse die Kunst, unterschiedlichste Produkte in einer ausgetüftelten Mischung geschmacklich zueinander zu stellen und das Ganze in einem Topf auf einer Garstufe zuzubereiten. „All you can eat" in seiner schönsten und einfachsten Form und — ein Topf, ein Essen. Ein Gericht, das dem scheußlichen Wort der „Gemeinschaftsverpflegung" alle Ehre macht, für viele Erinnerungen an Jugendherbergen, Campingurlaube und Wehrdienst weckt, und in seiner meist unterschätzten Einfachheit doch die Basis für gesellige Runden unter Freunden und in der Familie sein kann. Am Anfang war der Topf ...

Jetzt legen Sie am besten los mit Lohses Mundwerk und denken Sie an Lohses Losung: Die Welt dreht sich nicht um die Kaviardose. Wir kochen lieber geile Liebessuppeneintöpfe.

Ingo Swoboda

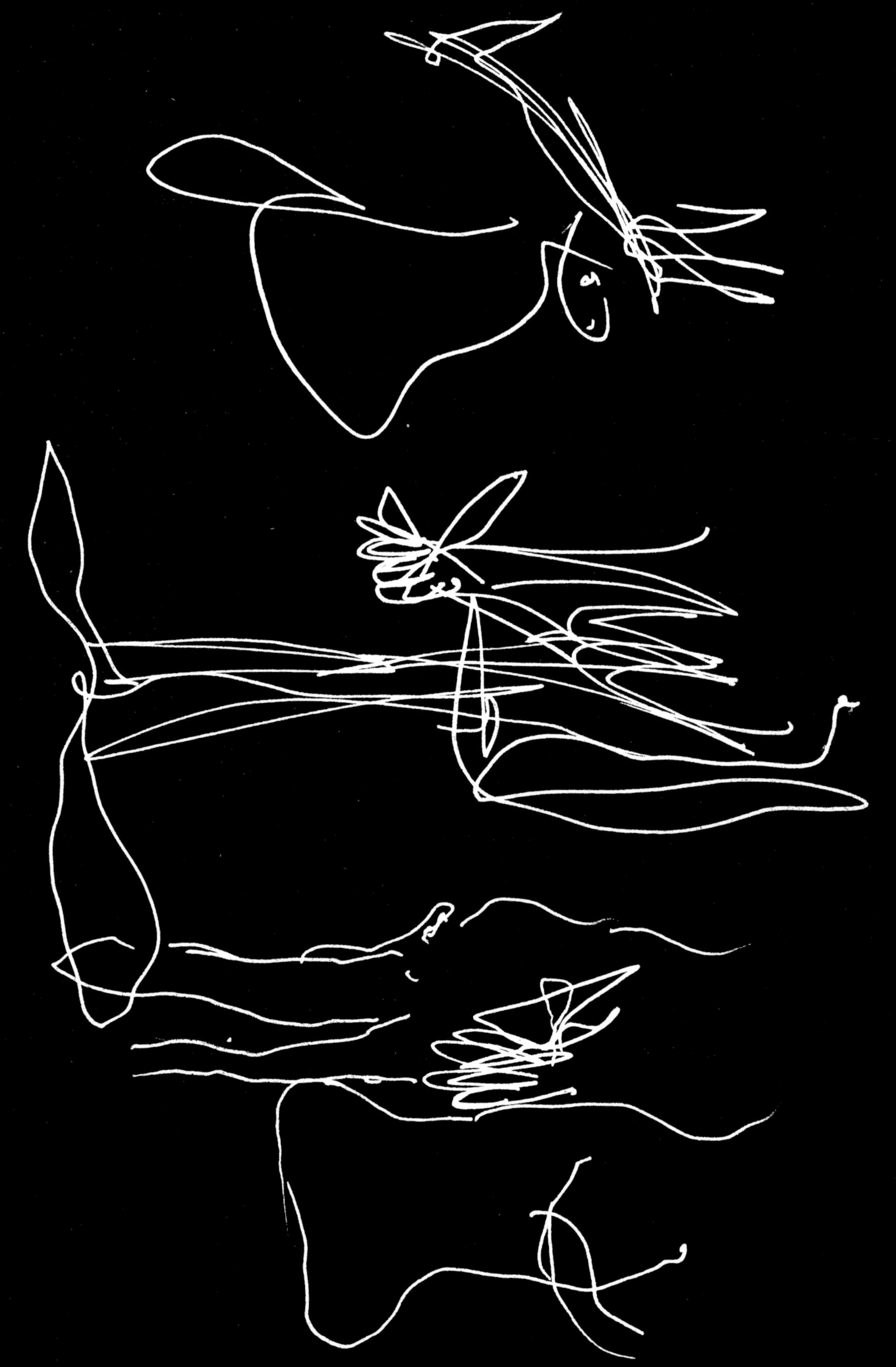

WIR SIND

STWESTFALEN
IG • KÄM

FUNDAMENTALES
UND GRUNDREZEPTE

Vor dem Kochen Gehirn einschalten.

Ein gesunder Menschenverstand hilft auch beim Kochen enorm weiter.

Auch wenn das Navi eingeschaltet ist, sollte der Koch ~~auf~~ nicht vergessen auf die Strasse zu schauen.

Abkürzungen

REZEPTUREN

1.

Zutaten	Menge	Einheit	Preis/Einheit	Preis gesamt
S - Salz (Speisesalz)				
P - schwarzer Pfeffer a.d. Mühle				alphabetisch
Z - Weisser Zucker				
BZ - brauner Rohrzucker				sortieren
ZS - Zitronensaft				
Tab - Tabasco				
BG - Bouquet garni				
M - Mehl				
StK - Speisestärke				
FdS - Fleur de Sel				
MSS - Maldon Sea Salt				
MS - Meersalz				
PdE - Piment d'Espelette				
WWE - Weissweinessig				
RWE - Rotweinessig				
PÖl - Pflanzenöl				
OÖl - Olivenöl				
MRF - Meerrettich frisch				
MRG - Meerrettich a.d. Glas				
SMRG - Sahnemeerrettich a.d. Glas				

FUNDAMENTALE GRUNDZUTATEN:

↓

→ feines Meersalz (SalMartins)
→ grobes Meersalz (Maldon Sea Salt)
→ brauner Rohrzucker (Béghin Say)
→ schwarzer Pfeffer (Körner)
→ Berliner Leitungswasser
oder Quellwasser oder normales,
sauberes und leckeres Wasser

FUNDAMENTALES GRUNDMATERIAL:

↓

→ Edelstahltopf
oder
→ gusseiserner Topf
oder
→ Emailletopf
oder
→ Tontopf
oder
→ Aluminiumtopf
oder
→ Porzellantopf
oder — oder — oder

FUNDAMENTALES GRUNDMATERIAL:

↓

→ große Suppenkellen oder kleine
→ so auch die Suppenlöffel
→ Holzlöffel
→ Suppenteller/-schüsseln — vorgeheizt!
Das geht mit heißem Wasser oder im Ofen bei 80 °C
→ Handtücher aus festem Material (Halbleinen)

→ Schälmesser
→ Sägemesser groß
→ Sägemesser klein
→ Schneidemesser groß
→ Schneidemesser klein

→ Schneidebretter (am besten Holz)
→ Wischtücher
(klein geschnittene Badetücher/Bademäntel)
→ Putzmittel
→ Pflaster
→ Desinfektionsmittel
→ Herd mit Ofen, vierflammig Gas
oder wie es dann so ist: Induktion,
Holzofen — auch der Ofen im Garten

ABKÜRZUNGEN:

↓

BZ → brauner Zucker

FdS → Fleur de Sel

MS → SalMartins

MSS → Maldon Sea Salt

Oöl → Olivenöl

P → Pfeffer

PdE → Piment d’Espelette

S → Salz

Z → weißer Zucker

ZS → Zitronensaft

BOUQUET GARNI

MAN NEHME:

1 äußere Schicht einer Lauchstange
2 Stängel glatte Petersilie
1 kleiner Thymianzweig
¼ Lorbeerblatt
Küchengarn

ZUBEREITUNG:

Alle Zutaten lauwarm abspülen. Den Lauch flach auf die Arbeitsfläche legen und mit den übrigen Zutaten belegen. Lauch zu einem Päckchen einrollen, mit dem Küchengarn zusammenbinden – fertig!

GEMÜSE BRÜHE

MAN NEHME:

↘

200 g Zwiebeln
200 g Knoblauch
200 g Karotten
200 g Sellerie (Knolle oder Staude)
200 g Lauch, der weiße Teil
1 Cherrytomate
100 g Champignons
1 Bouquet garni (siehe S. 35)
20 g **MSS**
2 g **BZ**

ZUBEREITUNG:

↘

Das Gemüse putzen, heiß waschen und grob zerkleinern.

Alle Zutaten in einen großen Topf geben und mit 2 Litern kaltem Wasser auffüllen. Bei maximaler Hitze einmal aufkochen. Die Unreinheiten abschöpfen. Die Brühe 20 Minuten köcheln, anschließend durch ein Sieb oder Käseleinen passieren — fertig!

NOTA BENE:

↘

Knoblauch wird entweder ganz und mit Schale verwendet oder geschält, dann aber nur halbiert oder mit Salz gerieben.

ergibt 2 Liter

GEFLÜGEL BRÜHE

MAN NEHME:

500 g Suppenhuhn
100 g Karotten
100 g Zwiebel
100 g Knoblauch
100 g Sellerie (Knolle oder Staude)
100 g Lauch, der weiße Teil
1 Cherrytomate
1 Bouquet garni (siehe S. 35)
20 g MSS
2 g BZ

DAZU PASST:

J. J. Christoffel Riesling Kabinett, Restsüße, vom Weingut Mönchhof, Mosel

ZUBEREITUNG:

Das Suppenhuhn grob zerkleinern. Das Gemüse putzen, heiß waschen und grob zerkleinern.

Das Suppenhuhn mit dem Gemüse und allen übrigen Zutaten in einen Topf geben und mit mindestens 2 Litern kaltem Wasser auffüllen. Bei maximaler Hitze einmal aufkochen. Die Unreinheiten abschöpfen. Ca. 20 Minuten köcheln, nicht länger, sonst tritt zu viel Kollagen aus, und die Brühe durch die Flotte Lotte passieren.

TIPP: LOHSES RESTEVERWERTUNG

Das Huhn in einer zweiten Brühe mit Gemüse ca. 1 ½ Stunden fertiggaren, dann das Fleisch von den Knochen zupfen und das Gemüse würfeln. Hähnchen und Gemüse mit 300 g Mayonnaise und 2 EL fein geschnittener Petersilie zu einem Fleischsalat vermischen und mit Salz, Pfeffer und Zucker abschmecken. Den Fleischsalat in ausgehöhlte Strauchtomaten füllen, mit Öl beträufeln und mit Pfeffer, Schnittlauchröllchen und Petersilie bestreuen.

Aus der zweiten Brühe bereite ich meist eine Sülze zu.

ergibt 2 Liter

RINDER—/ KALBSBRÜHE

MAN NEHME:

500 g Rinder- oder Kalbshesse ohne Knochen
200 g Karotten
200 g Zwiebeln
200 g Knoblauch
200 g Sellerie (Knolle oder Staude)
200 g Lauch
1 Cherrytomate
1 Bouquet garni (siehe S. 35)
20 g **MSS**
½ TL **BZ**

ZUBEREITUNG:

Die Rinder- oder Kalbshesse grob zerkleinern. Das Gemüse putzen, heiß waschen und grob zerkleinern.

Das Fleisch mit dem Gemüse und allen übrigen Zutaten in einen Topf geben und mit 2 Litern kaltem Wasser auffüllen. Bei starker Hitze einmal aufkochen. Eventuell aufsteigenden Schaum abschöpfen. Die Hitze reduzieren und 20 Minuten mit Deckel köcheln, anschließend durch die Flotte Lotte passieren.

DAZU PASST:

Côtes du Rhônes, leicht gekühlt, oder Dubonnet, gekühlt.

ergibt 2 Liter

NOTA BENE: LOHSES RESTEVERWERTUNG

In einer zweiten Brühe das Fleisch ca. 2 ½ Stunden gar kochen, dann vom Knochen zupfen.

Das Fleisch mit gehobeltem frischem Fenchel und klein geschnittenen Tomaten vermengen. Mit etwas geriebenem Knoblauch, fein geschnittenem Basilikum, Olivenöl, Vincotto, Maldon Sea Salt, schwarzem Pfeffer aus der Mühle und braunem Zucker abschmecken, abkühlen lassen und servieren.

Aus der zweiten Brühe bereite ich meist eine Sülze zu.

FISCHBRÜHE

MAN NEHME:

↘

200 g Karotten
200 g Zwiebeln
200 g Knoblauch
200 g Sellerie (Knolle oder Staude)
200 g Lauch, nur das Weiße
100 g Fenchel
1 Cherrytomate
1 Bouquet garni (siehe S. 35)
1 kg Weißfisch, z.B. Merlan, am Stück und mit Gräten
(Bei Lohse wird alles gegessen – die Gräten und der Kopf eventuell für die Katze oder auch in die Brühe)
20 g **MSS**
2 g **BZ**

DAZU PASST:

↘

Lillet Blanc auf Eis

ZUBEREITUNG:

↘

Das Gemüse putzen, heiß waschen und grob zerkleinern.

Den Fisch mit allen anderen Zutaten in einen großen Topf geben und mit 2 Litern kaltem Wasser auffüllen. Bei maximaler Hitze einmal aufkochen. Aufschwimmende Unreinheiten abschäumen. Die Brühe 20 Minuten köcheln, Bouquet garni entfernen, anschließend durch die Flotte Lotte passieren. Fertig.

NOTA BENE: LOHSES RESTEVERWERTUNG

↘

Den Fisch häuten. Das Fleisch von den Gräten zupfen und zusammen mit dem Gemüse in einem Standmixer nicht zu fein zerkleinern. Mit Maldon Sea Salt, Tabasco, Zitronensaft und Olivenöl würzen, fein geschnittenes Basilikum hinzugeben, verrühren und final abschmecken. Auf geröstete Crostini (Weißbrot/Baguette) streichen und sofort verfüttern.

KRUSTENTIER BRÜHE

MAN NEHME:

2 lebende Taschenkrebse oder Hummer, mittelgroß
200 g Karotten
200 g Zwiebeln
200g Knoblauch
200 g Sellerie (Knolle oder Staude)
200 g Lauch, der weiße Teil
100 g Fenchel
100 g Champignons
1 Cherrytomate
1 Bouquet garni (siehe S. 35)
20 g MSS
2 g BZ

ZUBEREITUNG:

Das Gemüse putzen, heiß waschen und grob zerkleinern.

Die Krebse oder Hummer mit allen anderen Zutaten in einen Topf geben und mit 2 Litern kochendem Wasser auffüllen. Bei maximaler Hitze einmal aufkochen. Die Unreinheiten abschöpfen. 20 Minuten köcheln, anschließend durch ein Sieb oder Käseleinen passieren — fertig!

NOTA BENE: LOHSES RESTEVERWERTUNG

Krebse oder Hummer aus der Brühe
1 Zwiebel
1 TL Butter
1 EL Cashmere-Currypulver
1 EL Pinienkerne
1 EL Kerbel, fein geschnitten
2–3 EL Mayonnaise
MSS
P
ZS

ZUBEREITUNG:

Für die Cashmere-Curry-Zwiebeln die Zwiebel schälen, fein würfeln und in der Butter anschwitzen. Cashmere-Currypulver hinzugeben, mit Maldon Sea Salt und braunem Zucker würzen. Kurz bei mittlerer Hitze dünsten, dann abkühlen lassen.

Das Fleisch der Krebse oder Hummer ausbrechen. Alle Zutaten anschließend vermengen, mit Maldon Sea Salt, braunem Roh-Rohrzucker und Zitronensaft final abschmecken und etwas Olivenöl dazugeben. Gut gekühlt und auf Löffeln servieren und in der Tischmitte anrichten.

SPARGEL BRÜHE

MAN NEHME:

1 kg Spargelschalen
30 g S
30 g Z

ZUBEREITUNG:

Die Spargelschalen mit Salz und Zucker in einen Topf geben, mit 1 Liter kaltem Wasser aufgießen und aufkochen. Die Brühe 20 Minuten ziehen lassen, anschließend durch ein Sieb oder Käseleinen passieren.

PÉRIGORD TRÜFFELJUS

MAN NEHME:

200 g Périgordtrüffel
200 g Zwiebeln
20 g Knoblauch
100 g Butter
2 g Thymianspitzen
200 ml roten Portwein
200 ml Madeira
200 ml Trüffeljus
200 ml Kalbsbrühe (siehe S. 41)
1 EL Speisestärke, mit etwas Wasser verrührt
FdS
P

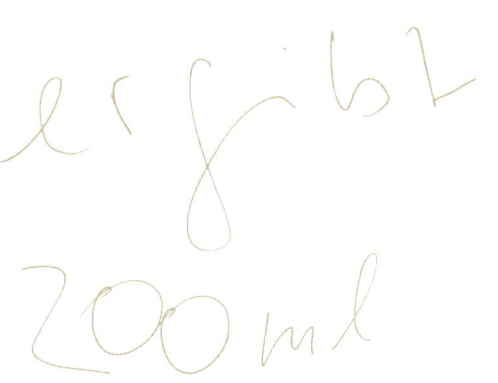

ZUBEREITUNG:

Die Périgordtrüffel in 2 mm dicke Würfel schneiden. Die Zwiebel schälen und in 2 cm große Stücke schneiden. Knoblauch schälen und fein reiben.

Von der Butter 50 g in einer Sauteuse erhitzen, dann Trüffelwürfel, Zwiebeln, Knoblauch und Thymianspitzen darin anschwitzen. Mit Fleur de Sel würzen.

Die Trüffel-Zwiebel-Mischung mit Portwein und Madeira ablöschen und flambieren. Den Trüffeljus zugießen und die Flüssigkeit bei mittlerer Hitze auf ⅕ einkochen.

Nach dem Reduzieren die Kalbsbrühe hinzugeben und aufkochen lassen. Mit der Stärkepaste leicht binden, die verbliebenen 50 g Butter einrühren und mit schwarzem Pfeffer würzen.

SAUCE MORNAY

MAN NEHME:

120 g Butter
30 g Mehl
1 kg Sahne
350 g mittelalten Gruyère
FdS
ZS
Tab

ZUBEREITUNG:

In einem Topf die Butter schaumig aufkochen. Mehl mit einem Schneebesen einrühren (keine Farbe annehmen lassen) und die kalte Sahne zugießen. Unter Rühren aufkochen lassen, anschließend den Gruyère hineinreiben. Mit Fleur de Sel, Zitronensaft und Tabasco abschmecken, glatt rühren und bei Bedarf passieren.

SAUCE BÉCHAMEL

MAN NEHME:

120 g Butter
30 g Mehl
1 kg Sahne
FdS
ZS
Tab

NOTA:

Hell = keine Farbe
Blond = leichte Farbe
Braun = braune Farbe

ZUBEREITUNG:

In einem Topf die Butter schaumig aufkochen. Mehl mit einem Schneebesen einrühren (keine Farbe annehmen lassen) und mit kalter Sahne auffüllen. Unter Rühren aufkochen lassen und mit Fleur de Sel, Zitronensaft und Tabasco abschmecken, noch einmal glatt rühren, bei Bedarf passieren.

ergibt 1 Liter

Sauce Mornay

SAUCE ALLEMANDE

MAN NEHME:

120 g Butter
30 g Mehl
500 g Sahne
500 ml Geflügelbrühe (siehe S. 38)
FdS
ZS
Tab

ZUBEREITUNG:

In einem Topf die Butter erhitzen, bis sie schäumt. Das Mehl mit einem Schneebesen einrühren (keine Farbe annehmen lassen) und mit kalter Sahne und Geflügelbrühe auffüllen. Unter Rühren aufkochen lassen und mit Fleur de Sel, Zitronensaft und Tabasco abschmecken, glatt rühren und bei Bedarf passieren.

SCHREIHÄLSE UND JUNGE RÜPEL

liebe vierundzwanzig
stunden am tag und das ganze
jahr, bescheidenheit, demuth)
und respekt mit feinster
eleganz und grösster kraft einem
kleinen jungen weitergegeben.

donnerwetter

14 × BREI

KARTOFFEL-KAROTTE

↓

200 g Karotte
200 g Kartoffeln
400 ml Wasser
oder Gemüsebrühe
ohne Salz

ERBSE-KNOLLENSELLERIE

↓

200 g Erbsen
200 g Knollensellerie
400 ml Wasser
oder Gemüsebrühe
ohne Salz

BROKKOLI-KARTOFFEL

↓

200 g Brokkoli
200 g Kartoffeln
400 ml Wasser
oder Gemüsebrühe
ohne Salz

ERBSE-KARTOFFEL

↓

200 g Erbsen
200 g Kartoffeln
400 ml Wasser
oder Gemüsebrühe
ohne Salz

KARTOFFEL-LAUCH

↓

200 g Kartoffeln
200 g Lauch
400 ml Wasser
oder Gemüsebrühe
ohne Salz

KAROTTE-APFEL

↓

200 g Karotten
200 g Äpfel
400 ml Wasser
oder Gemüsebrühe
ohne Salz

KAROTTE-APFEL-KNOLLENSELLERIE

↓

150 g Karotten
150 g Äpfel
100 g Knollensellerie
400 ml Wasser
oder Gemüsebrühe
ohne Salz

PASTINAKE-ROTE-BETE

↓

200 g Pastinaken
200 g Rote Beten,
geschält und
10 Minuten vorgegart
400 ml Wasser
oder Gemüsebrühe
ohne Salz

SPINAT-LAUCH

↓

200 g Spinat
200 g Lauch
400 ml Wasser
oder Gemüsebrühe
ohne Salz

KNOLLENSELLERIE-APFEL

↓

200 g Knollensellerie
200 g Äpfel
400 ml Wasser
oder Gemüsebrühe
ohne Salz

PASTINAKE-SPINAT

↓

200 g Pastinaken
200 g Spinat
400 ml Wasser

ROTE-BETE-APFEL-KARTOFFEL

↓

100 g Rote Beten,
geschält und
10 Minuten vorgegart
150 g Äpfel
150 g Kartoffeln
400 ml Wasser
oder Gemüsebrühe
ohne Salz

FENCHEL-LAUCH-KARTOFFEL

↓

150 g Fenchel
100 g Lauch
150 g Kartoffeln
400 ml Wasser
oder Gemüsebrühe
ohne Salz

BLUMENKOHL-ERBSE

↓

200 g Blumenkohl
200 g Erbsen
400 ml Wasser
oder Gemüsebrühe
ohne Salz

ZUBEREITUNG:

↓

Das Gemüse je nach Sorte putzen, schälen und waschen. In kleine Stücke schneiden und im Schnellkochtopf 6–8 Minuten in Wasser oder Brühe garen. Dann alles fein pürieren und in Frischhaltedosen füllen. In Joghurt- oder Fruchtzwergbechern sowie Eiswürfelformen kann man die Breie problemlos einfrieren, also einfach die Menge erhöhen und sorgenfrei füttern.

Generell: Gemüse immer putzen, in kleine Stücke schneiden und im Schnellkochtopf garen.
Vorteile: → Vitamine und andere Inhaltsstoffe bleiben erhalten → Zeitersparnis

LOHSES NUDELWASSER

MAN NEHME:

↓

1 l Wasser
70 g MS
oder nach
Geschmack
dosiert

NOTA BENE:

↓

1 Liter Wasser für
100 g Nudeln

PENNE
MIT TOMATENSAUCE

für 2 Personen

MAN NEHME:

↘

250 g Penne (De Cecco)
30 kleine Strauchtomaten
2 Zwiebeln
5 Knoblauchzehen
2 Bund Basilikum
250 ml Oöl
gehobelten Parmesan und Chiliöl zum Servieren
Zitronenabrieb nach Belieben
FdS
PdE
ZS
BZ

DAZU PASST:

↘

Mineralwasser mit Eis, Zitrone und Basilikum-Eiswürfeln

Basilikum-Eiswürfel:
Basilikum fein schneiden und mit Wasser in Eiswürfelformen einfrieren.

ZUBEREITUNG:

↘

In einem großen Topf das Nudelwasser (siehe links) erhitzen und zuerst die Tomaten darin 1 ½ Minuten kochen lassen. Dekantieren (herausheben), kurz abkühlen lassen, die Haut abziehen und grob hacken oder halbieren und die Kerne entfernen (ich liebe aber das leicht bittere Aroma der kleinen Kerne).

Die Zwiebeln schälen und fein würfeln, den Knoblauch schälen, den Trieb entfernen und den Knoblauch reiben. Zwiebeln und Knoblauch in 200 ml vom Olivenöl leicht bräunen, die Tomaten hinzugehen, einmal kurz aufkochen und abschrecken. Mit Fleur de Sel, Piment d'Espelette, Zitronensaft und braunem Zucker (es sollte kein Dessert werden) und eventuell etwas Zitronenabrieb abschmecken. Den Basilikum zerzupfen und erst kurz vor dem Servieren mit dem restlichen Olivenöl in die Sauce geben.

Die Penne im Nudelwasser bissfest kochen, abgießen, nicht abschrecken und wieder in den Topf geben. Von der Tomatensauce 600 ml über die Nudeln gießen und nach Belieben mit gehobeltem Parmesan und Chiliöl servieren.

DAS LAND DER SUPPEN UND EINTÖPFE

Sozialesskultur in
unserer romantischen,
liebevollen
- liebevoll schönen
Heimat.

KALTE GURKEN SUPPE

für 4 Personen

MAN NEHME:

500 g Salatgurken
1 Knoblauchzehe
1 Bund Dill
500 g Naturjoghurt
ZS
Z
Tab
2 EL Öl zum Beträufeln

DAZU PASST:

Ouzo/Pastis mit Wasser oder Mineralwasser mit Eis und der Schale von 1 Bio-Pampelmuse.

ZUBEREITUNG:

Die Salatgurken halbieren und entkernen. Den Knoblauch schälen und reiben. Den Dill waschen, trocken schütteln und fein schneiden.

Salatgurke, Knoblauch, Dill und Joghurt mit Zitronensaft und Zucker in eine Schüssel geben. Eiskalte Zutaten verwenden! Alles pürieren, dabei so viel Eiswasser oder Crushed Ice zugeben, bis die Konsistenz stimmt. Mit Tabasco abschmecken. In Schalen oder Gläser füllen und mit Olivenöl beträufeln. Essen!

NOTA:

Bei Lohse werden Kräuter nie gehackt, sondern mit Stiel und Stängel geschnitten.

GRÜNE ERBSENSUPPE

für 2–3 Personen

MAN NEHME:

300 g grüne TK-Erbsen
500 g Sahne
200 ml Gemüsebrühe
2 EL Zitronenmelisse, fein geschnitten
und Croûtons zum Servieren
FdS
Tab

ZUBEREITUNG:

In einem großen Topf die Erbsen mit Sahne, Gemüsebrühe, Fleur de Sel und Tabasco aufkochen. Die Suppe pürieren, in tiefe Teller füllen und mit Zitronenmelisse sowie Croûtons bestreut servieren.

DAZU PASST:

Cidre brut

EINTOPF VON GELBEN ERBSEN

für 4 Personen

MAN NEHME:

2 Schalotten
100 g Bauchspeck
2 Karotten
1 Lauchstange
100 g Kartoffeln
300 g gelbe Schälerbsen
1 Lorbeerblatt
1 l Geflügelbrühe (s. Seite 38)
100 ml Oöl
Selleriegrün zum Servieren
MS
P

Côtes du Rhônes, leicht gekühlt, oder Dubonnet, gekühlt.

ZUBEREITUNG:

Die Schalotten schälen und klein würfeln. Den Bauchspeck in feine Streifen schneiden. Die Karotten schälen und reiben, die Kartoffeln schälen und fein würfeln. Die Lauchstange putzen und in dünne Scheiben schneiden.

Schalotten und Speck in dem Olivenöl anschwitzen. Die Erbsen dazugeben, mit Meersalz und Pfeffer würzen, das Lorbeerblatt zugeben und die Geflügelbrühe zugießen. Zugedeckt 60 Minuten bissfest garen (oder 20 Minuten im Schnellkochtopf). Das Gemüse hinzugeben und noch wenige Minuten weiterkochen, bis Erbsen und Gemüse gar sind. Final abschmecken, mit Selleriegrün garnieren und servieren.

TOMATE

MAN NEHME:

700 g vollreife Tomaten
1 Knoblauchzehe
2 EL Basilikum
300 g Sahne
FdS
BZ

DAZU SCHMECKT:

Frisch gepresster Staudenselleriesaft oder Gin Tonic (im Mischverhältnis 1:1) mit schwarzem Pfeffer aus der Mühle und Basilikumblättern. Gin von der Deutschen Spirituosenmanufaktur.

ZUBEREITUNG:

Die Tomaten waschen, vierteln und die Kerne ausdrücken. Den Knoblauch schälen und reiben. Das Basilikum waschen, trocken schütteln und in feine Streifen schneiden.

Die Tomaten in einen großen Topf geben und mit dem Stabmixer pürieren. Die Sahne und den Knoblauch zugeben und aufkochen lassen. Mit Fleur de Sel und Zucker abschmecken, die Suppe in tiefe Teller füllen und mit dem Basilikum bestreuen.

KARTOFFEL

für 4–6 Personen

MAN NEHME:

400 g rote Kartoffeln (Sorte Roseval)
100 g Lauch
2 Zwiebeln
½ Knollensellerie
2 Karotten
200 g Speck
150 g Butter
100 ml Oöl
1 l Gemüsebrühe (siehe S. 37)
2 EL Majoran, fein geschnitten
zum Servieren
MS
P

ZUBEREITUNG:

Die Kartoffeln gut waschen und putzen und in 2 cm dicke Würfel schneiden. Den Lauch in 2 cm breite Ringe schneiden. Zwiebeln, Sellerie und Karotten schälen und in 2 cm dicke Würfel schneiden. Den Speck in feine Streifen schneiden.

Den Speck in einem großen Topf ohne Fett anbraten. Die Gemüsewürfel dazugeben und kurz mitbraten, dann Butter, Olivenöl und Gemüsebrühe zugeben und alles aufkochen. Die Temperatur reduzieren und so lange köcheln, bis das Gemüse gerade eben gar ist. Mit Meersalz und Pfeffer abschmecken. In tiefe Teller füllen und mit Majoran garniert servieren.

STECKRÜBE

für 6 Personen

MAN NEHME:

500 g Steckrüben
250 g Kartoffeln
250 g Karotten
250 g Knollensellerie
1 Knoblauchzehe
100 g Butter
1 l Gemüsebrühe (siehe S. 37)
Kerbel zum Servieren
MS
P

ZUBEREITUNG:

Die Steckrüben, die Kartoffeln, die Karotten und den Sellerie schälen und in 1 cm dicke Würfel schneiden. Die Knoblauchzehe schälen und halbieren. Alles in einen großen Topf geben und mit der Butter 5 Minuten dünsten.

Die Brühe zugießen und aufkochen. Die Temperatur reduzieren und so lange köcheln, bis das Gemüse gerade eben gar ist. Mit Meersalz und frisch gemahlenem Pfeffer abschmecken. In vorgewärmte tiefe Teller oder Schalen geben und mit Petersilie und Schluppen garniert servieren.

UNSERE GELIEBTEN TRADITIONELLEN EINTÖPFE. JA!

WEISSE BOHNE

MAN NEHME:

250 g getrocknete Cannellini-Bohnen, **nicht** eingeweicht
2 Zwiebeln
1 Karotte
2 Petersilienwurzeln
6 Tomaten
1 Knoblauchzehe
150 g Butter
1 l Gemüsebrühe (siehe S. 37)
Basilikum, Wirsing- oder Mangoldblätter zum Servieren
MS
P

ZUBEREITUNG:

Die Bohnen 25–30 Minuten vorkochen.

Die Zwiebeln, die Karotte und die Petersilienwurzel schälen und würfeln. Die Tomaten häuten, vierteln und entkernen, dann die Tomatenstücke mit dem Stabmixer pürieren. Die Knoblauchzehe schälen und halbieren.

Alle Zutaten bis auf den Wirsing in einen großen Topf geben und aufkochen. Die Temperatur reduzieren und so lange köcheln, bis das Gemüse gerade eben gar ist. Kurz vor Ende der Garzeit den Wirsing hinzugeben. Mit Meersalz und Pfeffer abschmecken. In tiefe Teller füllen und mit Wirsing garniert servieren.

LINSEN

für 6–8 Personen

MAN NEHME:

↘

250 g Beluga-Linsen, **nicht** eingeweicht
250 g durchwachsenen Speck
1 Zwiebel
150 g Kartoffeln
100 g Karotten
100 g Knollensellerie
20 ml **Oöl**
2 l Gemüsebrühe (siehe S. 37)
Rotweinessig zum Abschmecken
4 EL Petersilie, fein geschnitten
MS
P
BZ

ZUBEREITUNG:

↘

Den Speck in feine Streifen schneiden. Zwiebel, Kartoffeln, Karotten und Sellerie schälen und in 1 cm dicke Würfel schneiden.

Das Öl in einem großen Topf erhitzen und die Gemüsewürfel darin einige Minuten dünsten. Linsen, Speck und Gemüsebrühe zugeben. Alles aufkochen und köcheln lassen, bis Gemüse und Linsen gerade eben gar sind. Mit Rotweinessig, Meersalz, Pfeffer und braunem Zucker abschmecken.

In tiefen Tellern mit Petersilie garniert servieren.

ROTE SPITZPAPRIKA

für 4 Personen

MAN NEHME:

↘

450 g rote Spitzpaprika
150 g Zwiebeln
3 Knoblauchzehen
2 EL edelsüßes Paprikapulver
150 ml **OöI**
700 ml Geflügelbrühe (siehe S. 38)
100 ml Sauerkrautsaft
200 g Crème fraîche
abgeriebene Zitronenschale
1 Handvoll Basilikumblätter,
mit der Schere grob zerschnitten
Croûtons zum Servieren
FdS
Z
PdE
ZS

ZUBEREITUNG:

↘

Die Spitzpaprika waschen, halbieren und entkernen. Die Zwiebel schälen und fein würfeln, Knoblauch ebenfalls schälen und halbieren. Spitzpaprika mit der Zwiebel und dem Knoblauch in einem großen Topf in Olivenöl anschwitzen. Mit Paprikapulver, Fleur de Sel, Zucker und Piment d'Espelette würzen. Geflügelbrühe und Sauerkrautsaft angießen und 30 Minuten bei geringer Hitze kochen.

Die Crème fraîche unterrühren und das Ganze aufkochen, anschließend pürieren. Durch ein Sieb passieren und mit Zitronensaft und abgeriebener Zitronenschale abschmecken. Mit Basilikum und nach Belieben mit Croûtons bestreuen und servieren.

DAZU PASST:

↘

Pilsener Urquell

hobby köche

was fürn quatsch,
jeder mensch kann
auf dreisterneniveau kochen –
dann kommen wir, nur
alles eine frage von liebe
– u logistik – lorek.

KNOLLENSELLERIE + ÄPFEL

MAN NEHME:

450 g Knollensellerie
300 g grüne Äpfel, z.B. Granny Smith
800 ml Milch
200 g Crème fraîche
100 g Butter
Zitronensalz
Staudensellerie zum Servieren
FdS
Z

DAZU PASST:

Getränketipp für Puristen:
Vittel oder Badoit

für 6 Personen

ZUBEREITUNG:

Den Knollensellerie schälen und fein würfeln. Die Äpfel schälen, Kerngehäuse entfernen und die Äpfel fein würfeln.

In einem großen Topf die Milch mit Fleur de Sel und Zucker würzen. Die Sellerie- und Apfelwürfel hineingeben und das Ganze aufkochen. Ohne Deckel 30 Minuten köcheln, anschließend fein pürieren. Crème fraîche und Butter unterrühren.

Zum Servieren mit Zitronensalz bestreuen. Nach Belieben rohen Staudensellerie putzen, waschen, fein würfeln und über die Suppe streuen.

KARTOFFEL KÜRBIS

MAN NEHME:

150 g Kartoffeln
150 g Muskatkürbis
150 g Zwiebeln
1 Knoblauchzehe
1 EL Butter
1 l Gemüsebrühe (siehe S. 37)
1 TL Cashmere-Currypulver
nach Belieben Koriandergrün zum Servieren
FdS
BZ
ZS

Für 4 Portionen Mango-Lassi:
2 reife Mangos
600 g Naturjoghurt
Limettensaft
Z

ZUBEREITUNG:

Die Kartoffeln schälen und in haselnussgroße Stücke schneiden. Den Kürbis schälen, entkernen und in mundgerechte Stücke schneiden. Die Zwiebel und den Knoblauch schälen und fein schneiden.

In einem großen Topf die Butter erhitzen, bis sie schäumt. Zwiebel und Knoblauch darin glasig anschwitzen. Kartoffeln und Kürbis zugeben und mit Cashmere-Currypulver, Fleur de Sel und braunem Zucker würzen. Bei geringer Hitze sanft rösten, bis die Mischung duftet. Die Brühe zugießen und 15 Minuten köcheln. Den Koriander waschen, trocken schütteln und fein schneiden.

Die Hälfte der Kürbis-Kartoffel-Mischung pürieren und wieder zurück in den Topf geben. Das Curry mit Zitronensaft abschmecken, in tiefe Teller füllen und mit Koriander bestreut servieren.

TIPP:

Mango-Lassi oder Ayran rundet die Sache getränketechnisch ab. Für das Mango-Lassi die reifen Mangos schälen, entkernen und fein pürieren. Mit dem Joghurt vermischen und mit Limettensaft und Zucker abschmecken. Eiskalt servieren.

KAROTTE + LAUCH

für 4–6 Personen

MAN NEHME:

450 g Karotten
½ Lauchstange
1 EL Dill, fein geschnitten
2 EL Butter
1 l Gemüsebrühe (siehe S. 37)
100 g Crème fraîche
4 Msp. gemahlenen gerösteten Kümmel
4 EL gehobelte Karotten und 4 TL gehobelten Granny Smith zum Servieren
FdS
Tab
ZS

ZUBEREITUNG:

Die Karotten schälen und fein würfeln. Den Lauch putzen, gründlich waschen und in Ringe schneiden. Den Dill waschen, trocken schütteln und fein schneiden.

In einem großen Topf Karotten und Lauch in der Butter anschwitzen. Mit Fleur de Sel, Tabasco und Zitronensaft würzen und die Gemüsebrühe zugießen. Die Suppe 30 Minuten mit Deckel köcheln und anschließend pürieren. Die Crème fraîche unterrühren und noch einmal aufkochen. Die Suppe auf die Teller verteilen und mit Dill, Kümmel sowie gehobelten Karotten und Granny Smith servieren.

DAZU PASST:

Vittel oder Badoit

BLUMENKOHL MIT RAS EL-HANOUT

für 4 Personen

MAN NEHME:

450 g Blumenkohl
150 g Zwiebeln
70 g Butter
70 g Oöl
1 ½ EL Ras el-Hanout
700 ml Gemüsebrühe (siehe S. 37)
300 g Crème fraîche
FdS
BZ
ZS

250 g Couscous
4 EL rohen Blumenkohl, mit dem Sparschäler abgezogen
S
Z
ZS
Oöl

ZUBEREITUNG:

Den Blumenkohl klein schneiden und die Zwiebel fein würfeln. In einem großen Topf den Blumenkohl in einer Mischung aus der Butter und Olivenöl anschwitzen, bis er glasig wird. Zwiebel und Ras el-Hanout hinzufügen und unter Rühren mit anschwitzen. Mit der Gemüsebrühe übergießen und 30 Minuten köcheln.

Crème fraîche unterrühren und aufkochen lassen, anschließend das Ganze pürieren. Durch ein Sieb passieren und mit Fleur de Sel, braunem Roh-Rohrzucker und Zitronensaft abschmecken.

Den Couscous nach Packungsangaben garen, den gehobelten Blumenkohl unterheben und mit Salz, Zucker, Zitronensaft und Olivenöl abschmecken. Zur Blumenkohlsuppe servieren.

DAZU PASST:

Grauburgunder vom Weingut Dr. Heger, Baden

GRAUPEN

für 8–10 Personen

MAN NEHME:

1 kg geräucherten Schweinebauch
2 Zwiebeln
100 g Lauch
100 g Karotten
100 g Sellerie
1 Pimentkorn
1 Gewürznelke
5 Pfefferkörner
1 Lorbeerblatt
250 g Perlgraupen
2 l Gemüsebrühe (siehe S. 37)
100 g Petersilie, fein geschnitten
MS
P

ZUBEREITUNG:

Den Schweinebauch in mundgerechte Stücke schneiden. Zwiebeln und Gemüse waschen, putzen und klein schneiden, etwas vom Lauchgrün beiseitelegen. Piment, Nelke und Pfeffer im Mörser grob zerstoßen und mit dem Lorbeerblatt in ein Leinensäckchen geben.

Alle Zutaten bis auf die Petersilie in einen großen Topf geben und aufkochen. Die Temperatur reduzieren und etwa 1 Stunde köcheln. Abschmecken, in tiefe Teller füllen und mit dem übrigen Lauch und etwas Petersilie bestreut servieren.

BROTSUPPE ZWIEBEL

für 4–6 Personen

MAN NEHME:

1 Brot*
1 kg Zwiebeln
250 g Butter
50 g Mehl
100 ml Madeira
1 l Geflügelbrühe (siehe S. 38)
geriebenen Gruyère nach Belieben
Schnittlauchröllchen zum Servieren

ZUBEREITUNG:

Vom Brot einen Deckel abschneiden und das Brot aushöhlen, aber nicht zu gründlich, ein 2 cm dicker Rand muss stehen bleiben.

Die Zwiebeln schälen und in Spalten, dann in Streifen schneiden. Die Butter in einem großen Topf erhitzen und die Zwiebeln darin goldbraun anbraten. Mit dem Mehl bestäuben und kurz weiterrösten, dann mit Salz und Pfeffer würzen. Mit dem Madeira ablöschen und einkochen.

Die Geflügelbrühe zugießen, aufkochen und abschmecken. Die Suppe in das Brot füllen und nach Belieben Gruyere darüberreiben. Mit Schnittlauchröllchen garniert servieren.

*
Die Brotrezepturen sind geheim und von meinen Freunden Jochen und Betty Gaues. Verwenden Sie einen festen, runden Sauerteig-Brotlaib.

BROTSUPPE KÜRBIS

für 6 Personen

MAN NEHME:

1 Brot*
500 g Hokkaido-Kürbis
100 g Butter
10 Salbeiblätter
1 l Gemüse- oder Geflügelbrühe (siehe S. 37 und S. 38)
500 ml Sauce Béchamel (siehe S. 48)
Schale von ½ Bio-Zitrone
3 EL Petersilienstängel, fein geschnitten
S
PdE

ZUBEREITUNG:

Vom Brot einen Deckel abschneiden und das Brot aushöhlen, aber nicht zu gründlich, ein 2 cm dicker Rand muss stehen bleiben.

Den Kürbis waschen, putzen und in walnussgroße Stücke schneiden. In einem großen Topf die Butter erhitzen und die Kürbiswürfel mit den Salbeiblättern darin anschwitzen. Mit Brühe und Béchamelsauce auffüllen, aufkochen und 10–15 Minuten köcheln. Mit Zitronenabrieb, Salz und Piment d'Espelette abschmecken.

Die Suppe in das Brot füllen, mit der Petersilie bestreuen und servieren.

*
Die Brotrezepturen sind geheim und von meinen Freunden Jochen und Betty Gaues. Verwenden Sie einen festen, runden Sauerteig-Brotlaib.

BROTSUPPE KARTOFFEL

für 6–8 Personen

MAN NEHME:

1 Brot *
1 kg Bio-Kartoffeln (Linda)
4 Lauchstangen
1 Zwiebel
3 Knoblauchzehen
200 g Butter, zzgl. Butter für die Croûtons
1 EL Kerbel, fein geschnitten
1,5 l Gemüse- oder Geflügelbrühe
(siehe S. 37 und 38)
250 g Sahne
2 EL Brotwürfel
MS
P

* Die Brotrezepturen sind geheim und von meinen Freunden Jochen und Betty Gaues. Verwenden Sie einen festen, runden Sauerteig-Brotlaib.

ZUBEREITUNG:

Vom Brot einen Deckel abschneiden und das Brot aushöhlen, aber nicht zu gründlich, ein 2 cm dicker Rand muss stehen bleiben.

Die Kartoffeln waschen, schälen, putzen und in dünne Scheiben schneiden. Den Lauch waschen, putzen und nur das Weiße in 1 cm dicke Ringe schneiden. Das Grün anderweitig verwenden. Die Zwiebel schälen und in Ringe schneiden. Den Knoblauch schälen und halbieren.

In einem großen Topf die Butter erhitzen und Kartoffeln, Lauch, Zwiebel und Knoblauch darin anschwitzen. Den Kerbel zugeben und mit der Brühe auffüllen. Die Suppe einmal aufkochen lassen, dann mit Meersalz und Pfeffer abschmecken. 10–15 Minuten kochen, bis die Kartoffelscheiben gerade eben gar sind. Die Sahne einrühren und wieder alles durchwärmen, dann abschmecken.

Etwas Butter in einer kleinen Pfanne zerlassen und die Brotwürfel darin goldbraun braten. Die Suppe in das Brot füllen und mit den Croûtons servieren.

BROTSUPPE HUMMER

für 6 Personen

MAN NEHME:

1 Brot*
3 große Hummer à 400–600 g
1 l Geflügelbrühe (siehe S. 38)
1 Bund Schluppen, nur das Grün
½ Bund Kerbel
100 g Sahne
S
Tab

* Die Brotrezepturen sind geheim und von meinen Freunden Jochen und Betty Gaues. Verwenden Sie einen festen, runden Sauerteig-Brotlaib.

ZUBEREITUNG:

Vom Brot einen Deckel abschneiden und das Brot aushöhlen, aber nicht zu gründlich: Ein 2 cm dicker Rand muss stehen bleiben.

In einem großen Topf gesalzenes Wasser zum Kochen bringen, die ganzen Hummer hineingeben und 4 Minuten ziehen lassen. Herausheben, abschrecken, ausbrechen und das Fleisch in mundgerechte Stücke schneiden. Das Wasser abgießen.

Die Schluppen waschen und trocken tupfen, den Kerbel waschen und trocken schütteln. Beides grob schneiden.

Die Geflügelbrühe aufkochen, die Sahne einrühren. Schluppen, Kerbel und Hummerfleisch hineingeben und kurz warm werden lassen. Mit Salz und Tabasco abschmecken, die Suppe in das Brot gießen und servieren.

Spontanaufflüstrung
von
einsamen Festiggruppen
und
Wundersamen Wassertransporteuren
gefangen in
bunten 24 Mannverpackungs
Zellen

X.3.

SPARGEL

für 8 Personen

MAN NEHME:

500 g weißen Spargelbruch
500 ml Spargelbrühe (siehe S. 46)
500 g Sahne
2 EL Kerbel, fein geschnitten
4 EL rohen, geschälten Spargel, fein geschnitten
FdS
Z
ZS
Tab

ZUBEREITUNG:

Den Spargelbruch schälen, dann mit der Spargelbrühe in einen großen Topf geben, mit Fleur de Sel und Zucker würzen und aufkochen. 30 Minuten mit Deckel köcheln. Die Sahne zugießen und erneut aufkochen. Anschließend pürieren, mit Zitronensaft und Tabasco abschmecken und mit Kerbel und rohem Spargel servieren.

DAZU PASST:

Brauneberger Riesling Kabinett, Restsüße, vom Weingut Fritz Haag, Mosel

Feuchtgebiete

Eintöpfe und andere Suppen

für 1–4 Personen

NUDEL GRATIN

MAN NEHME:

200 g Penne lisce
300 g Strauchtomaten nach Belieben
1 Scheibe Kochschinken, 1 cm dick
500 ml heiße Sauce Mornay (siehe S. 48)
150 g geriebenen Gruyère
Semmelbrösel zum Bestreuen
frisches Basilikum zum Servieren

AUSSERDEM DAZU:

Original oder Virgin Bloody Mary

ZUBEREITUNG:

Den Backofen auf 180 °C vorheizen.

Die Penne in Nudelwasser (siehe S. 56) al dente garen und abgießen. Die Tomaten falls verwendet putzen, entkernen und in Stücke schneiden. Den Schinken in 1 cm dicke Würfel schneiden. Nudeln, Tomaten und Schinken in einer Auflaufform vermengen.

Die Sauce Mornay darübergießen und mit Gruyère und nach Belieben Semmelbrösel bestreuen. Die Ränder der Form vor und nach dem Überbacken **SAUBER MACHEN**, verdammt noch mal!

Im Ofen etwa 15 Minuten gratinieren, bis die Oberfläche goldbraun ist. Vor dem Servieren mit frischem Basilikum bestreuen.

Schmeckt auch lauwarm, in der Mikrowelle aufgewärmt, im Bett liegend und mit einem Grünen Sylvaner von BattenfeldSpanier und Baguette sehr lecker.

ROSENKOHL AUFLAUF

für 6 Personen

MAN NEHME:

1 kg Rosenkohl
(haselnussgroß am Stängel. So, jetzt sieh zu, wie du den bekommst! Dann vom Stängel lösen)
2 rote Zwiebeln
3 Scheiben Toastbrot
(frisch – ich hasse altbackenes Brot!)
100 ml Milch
1 kg Schweinehackfleisch
1 Eigelb
Worcestersauce zum Abschmecken
200–300 g dünn aufgeschnittenen fetten Speck oder durchwachsenen Frühstücksspeck
(zum Auskleiden der Form und zum Belegen des Auflaufs)
200 g Schweineschmalz

DAZU PASST:

Grüner Sylvaner von BattenfeldSpanier, Rheinhessen

ZUBEREITUNG:

Den Ofen auf 130 °C vorheizen.

Den Rosenkohl blanchieren, abschrecken und dekantieren (Achtung, Schlafzimmer!). Die Zwiebeln schälen und fein würfeln. Das Toastbrot in Milch einweichen.

Das Hackfleisch mit dem eingeweichten Toastbrot, den Zwiebelwürfeln, Eigelb und Worcestersauce wie bei der Zubereitung von Frikadellen vermischen. Mit Fleur de Sel und schwarzem Pfeffer kräftig würzen. Die Fleischmasse zu haselnussgroßen Kugeln formen.

Eine gläserne Auflaufform mit Speck auslegen.

Die Hackfleischbällchen im sehr heißen Schweineschmalz kurz und kross anbraten. Auf Küchenpapier etwas abtropfen lassen.

Rosenkohl und die Hackfleischbällchen in die Auflaufform geben, mit Speckscheiben bedecken und im Ofen zugedeckt (mit Deckel, falls vorhanden, ansonsten mit Alufolie abdecken) 30 Minuten garen. Dann offen weiterbacken, bis der Speck kross ist. Vor dem Servieren 10 Minuten ruhen lassen.

KÜRBIS GRATIN

für 4 Personen

MAN NEHME:

1 großen Hokkaido-Kürbis
1 l Sauce Béchamel (siehe S. 48)
150 g Parmesan am Stück

ZUBEREITUNG:

Den Ofen auf 180 °C vorheizen. Den Kürbis waschen, putzen und in handtellergroße Stücke schneiden — nicht schälen. Blanchieren und abgießen, aber nicht abschrecken, und zum Abtropfen auf ein Küchentuch legen.

Die Kürbisstücke in eine Auflaufform legen und mit der Béchamelsauce übergießen. Den Parmesan darüberreiben, die Ränder sauber machen (!) und im Ofen 10—15 Minuten gratinieren.

ZUCCHINI GRATIN

für 4 Personen

MAN NEHME:

4 große Zucchini
1 l Sauce Béchamel (siehe S. 48)
150 g Gruyère am Stück

ZUBEREITUNG:

Den Ofen auf 180 °C vorheizen. Die Zucchini waschen, putzen und in walnussgroße Stücke schneiden. Blanchieren und abgießen, aber nicht abschrecken, und zum Abtropfen auf ein Küchentuch legen.

Die Zucchinistücke in eine Auflaufform geben und mit der Béchamelsauce übergießen. Den Gruyère darüberreiben, die Ränder sauber machen (!) und im Ofen 10—15 Minuten gratinieren.

CURRY MIT KNACKER

für 3–4 Personen

MAN NEHME:

↘

200 g Zwiebeln
12 Schluppen
200 g Bio-Kartoffeln (Linda)
200 g Karotten mit Grün
1 Knoblauchzehe
100 g Butter
2 EL Jaipur-Currypulver
400 ml Gemüsebrühe (siehe S. 37)
Abrieb von 1 Bio-Limette
Oregano zum Servieren
2 EL Oöl
Bratwürste zum Servieren nach Belieben
FdS
Z

DAZU SCHMECKT:

↘

Kokos-Lassi oder Riesling Kabinett
von Egon Müller, Scharzhof, Mosel

ZUBEREITUNG:

↘

Die Zwiebeln schälen und in mundgerechte Stücke schneiden, die Schluppen putzen und ebenfalls klein schneiden. Die Kartoffeln schälen und in 2 cm dicke Würfel schneiden. Die Karotten schälen und schräg in 2 cm dicke Scheiben schneiden, das Grün beiseitelegen. Den Knoblauch schälen und reiben.

In einem großen Topf die Butter erhitzen und Zwiebeln, Kartoffeln und Karotten hineingeben. Mit Fleur de Sel, Zucker und Jaipur-Currypulver würzen und 10 Minuten vorsichtig unter Rühren glasig anschwitzen. Die Brühe zugießen und 15 Minuten mit Deckel bei geringer Hitze simmern.

In tiefe Teller füllen, mit Limettenschale und Oregano bestreuen und mit Olivenöl beträufeln. Nach Belieben mit Bratwürsten servieren.

KARTOFFEL-LAUCH-EINTOPF

für 4 Personen

MAN NEHME:

↘

300 g Kartoffeln (Sorte Linda, Bioware)
300 g Lauch, nur der weiße Teil
100 g Butter
300 ml Gemüsebrühe (siehe S. 37)
300 g Sahne
2 EL Ingwersaft
4 EL Schnittlauch, fein geschnitten
Chiliöl
Tab
MS
Z
P

ZUBEREITUNG:

↘

Kartoffeln schälen und in Würfel schneiden. Lauch putzen, längs aufschneiden, gründlich waschen und klein schneiden. In einem großen Topf die Butter erhitzen, Kartoffeln und Lauch hinzugeben und anschwitzen, dabei umrühren. Gemüsebrühe und Sahne zugießen, aufkochen und 12 Minuten simmern lassen.

Den Eintopf mit Ingwersaft, Tabasco, Meersalz und Zucker abschmecken. In vorgewärmte Teller füllen und mit Schnittlauch und frisch gemahlenem Pfeffer bestreuen sowie mit Chiliöl beträufeln. Happi-happi!

DAZU SCHMECKT:

↘

Dazu trinkst du natürlich eins oder mehrere Gläser Sancerre Blanc von meinem Freund und Winzer Pascal Jolivet.

Ein Herz für Hessen

FENCHEL GRATIN

für 4 Personen

MAN NEHME:

4 große Fenchelknollen
1 l Sauce Mornay (siehe S. 48)
150 g Parmesan am Stück

ZUBEREITUNG:

Den Ofen auf 180 °C vorheizen. Den Fenchel waschen, putzen und vierteln — etwas Fenchelgrün beiseitelegen. Den Fenchel blanchieren und abgießen, aber nicht abschrecken, und zum Abtropfen auf ein Küchentuch legen.

Die Fenchelstücke in eine Auflaufform legen und mit der Sauce Mornay übergießen. Den Parmesan darüberreiben, die Ränder der Form sauber machen (!) und im Ofen 10—15 Minuten gratinieren.

Mit Fenchelgrün garniert servieren.

Kücke darf nicht

T

O m p l

S i g R

T

mit absoluter Demut und Bescheidenheit vor ... an sich

... die härteste Galerie der Welt

Maurizio Kuchel

GRATINIERTE EIER MIT RAHMLAUCH

für 4 Personen

MAN NEHME:

↘

12 Eier
3 Lauchstangen
1 Bund Schnittlauch
100 g Butter
200 g Sahne oder Crème fraîche
300 g Gruyère, gerieben
50 g Paniermehl
MSS
P
ZS

DAZU PASST:

↘

Badoit

ZUBEREITUNG:

↘

Den Ofen auf 180 °C vorheizen.

Die Eier wachsweich pochieren (siehe S. 232). Den Lauch waschen, putzen und in 2 cm dicke Scheiben schneiden. Den Schnittlauch waschen, trocken schütteln und in Röllchen schneiden. Den Lauch in der Butter anschwitzen, mit Salz, Pfeffer und etwas Zitronensaft würzen und die Sahne angießen (ich ziehe Crème fraîche vor). Aufkochen, erneut würzen, und den Schnittlauch einrühren.

Die Eier in eine Auflaufform geben und mit der Lauchmasse bedecken. Mit Käse und Paniermehl bestreuen und etwa 5 Minuten goldbraun überbacken. Nicht zu lange gratinieren, sonst werden die Eier zu hart.

UNGARISCHES LECSÓ MIT LAMM

für 8 Personen

MAN NEHME:

400 g Zwiebeln
100 g durchwachsenen Speck
1 kg rote und grüne Paprika
500 g Tomaten
100 g Knoblauchwurst
4 Knoblauchzehen
50 g Schweineschmalz
500 g Lammgulasch, vom Schlachter Ihres Vertrauens geschnitten
300 g dicke Bohnen (TK)
Bohnenkraut
1 TL Rosenpaprikapulver
50–100 g Reis
1 Msp. Zitronenabrieb
Basilikumblätter und Pistazien zum Servieren
FdS
BZ

DAZU PASST:

„Ink" vom Weingut Friedrich Becker, ein dunkles Weizenbier oder Ayran

ZUBEREITUNG:

Die Zwiebel schälen und in Spalten schneiden, den Knoblauch schälen und halbieren. Den Speck in 2 cm große Würfel schneiden.

Um die Tomaten und Paprika zu häuten, einen Topf halbvoll mit Pflanzenfett füllen (oder die Fritteuse verwenden), auf 160 °C erhitzen und Tomaten und Paprika darin frittieren, bis sich die Haut löst. Dann mit einer Schaumkelle in eine Schüssel mit Eiswasser heben. Kurz abkühlen – merke: Eiswasser zum Abkühlen ist kein Langzeitschlafzimmer! Anschließend die Haut abziehen. Tomaten halbieren und die Kerne entfernen, Paprika halbieren und entkernen.

Zwiebeln, Speck, Wurst und Knoblauch im Schweineschmalz in einem Topf glasig schwitzen. Das Lammfleisch hinzugeben und mit Fleur de Sel, braunem Roh-Rohrzucker und Paprikapulver würzen. Tomaten hinzugeben, umrühren, ½ Liter Wasser zugießen und bei geringer Hitze mit aufgelegtem Deckel schmoren, bis das Fleisch weich ist. Die Bohnen mit Bohnenkraut in kochendes Salzwasser geben und 10–15 Minuten garen, dann abgießen. Paprikaschoten und Reis in den Eintopf geben, verrühren und weitere 20 Minuten köcheln, dann die Bohnen dazugeben. Zum Schluss den Zitronenabrieb einrühren, abschmecken und mit Basilikum und Pistazien servieren.

LINSEN +ENTE

für 4 Personen

MAN NEHME:

12 Mini-Bundkarotten
6 Mini-Mairübchen
1 Bund Schluppen
2 Entenbrüste
5 Entenmägen aus der Dose
(Gésier de Canard Confit)
1 kg Linseneintopf (siehe S. 71)
100 ml Pflanzenöl
MSS
P

ZUBEREITUNG:

Die Karotten und Mairübchen schälen, Letztere zusätzlich halbieren. Die Schluppen putzen und in feine Ringe schneiden. Karotten und Mairübchen im Linseneintopf garen, dann die Entenmägen hinzugeben.

Die Entenbrüste auf der Fettseite gitterförmig einschneiden. Mit Maldon Sea Salt und Pfeffer würzen. Etwas Öl in eine kalte Pfanne geben, die Entenbrüste mit der Fettseite nach unten hineinlegen und die Pfanne bei mittlerer bis hoher Hitze auf den Herd stellen. Die Ente kross anbraten, wenden und in wenigen Minuten rosa garen — erst kurz vor dem Servieren in Scheiben schneiden.

Den Eintopf auf Teller verteilen, darauf die Entenbrust anrichten und mit Schluppen bestreut servieren.

KOCHSCHINKEN AT ITS BEST

für 4–6 Personen

MAN NEHME:

400 g Champignons
400 g Artischocken
400 g Frühlingszwiebeln
1 Knoblauchzehe
125 ml **Oöl**

400 g Kochschinken am Stück
300 ml Trüffeljus (siehe S. 47)
125 g schwarzen Trüffel, gehobelt
125 g Croûtons
Kerbel
Estragon, mariniert mit Trüffeljus
MSS
Z
P

ZUBEREITUNG:

Die Champignons und die Artischocken putzen, von den Artischocken die harten äußeren Blätter entfernen. Die Frühlingszwiebeln schälen und in dünne Ringe schneiden, den Knoblauch schälen und halbieren.

Von den Champignons zwei beiseitelegen, die übrigen Champignons, Artischocken, Frühlingszwiebeln und Knoblauch in Olivenöl bissfest garen. Würzen, würzen, würzen, klaro? Aus dem Öl heben und in einen sauberen Topf füllen.

Den Schinken in 2 cm dicke Würfel schneiden und zum Gemüse geben. Mit Trüffeljus übergießen und alles erhitzen. Anschließend in eine Servierschüssel geben, Champignons darüberhobeln, mit Trüffeln, Croûtons und Kräutern die Chose beenden. Mahlzeit!

DAZU PASST:

ein Gigondas vom Weingut E. Guigal, Rhône

LINSENEINTOPF

MIT SCHWEINEFUSS, GÄNSELEBER UND KAROTTEN

für 4 Personen

MAN NEHME:

4 Karotten mit Grün
1 kg Linseneintopf (siehe S. 71)
1 Gänsestopfleber
1 Schweinefuß (fertig gegart vom Fleischer)
Puderzucker
schwarzen Trüffel (so viel wie geht)
1 EL kurz angebratenen Frühstücksspeck, fein geschnitten
Kochschinken zum Servieren nach Belieben
MSS
P

ZUBEREITUNG:

Den Kochschinken in lange, dünne Streifen schneiden. Die Karotten putzen und schälen und etwas Grün stehen lassen. Den Linseneintopf aufkochen, dann die Hitze stark reduzieren. Die Gänsestopfleber darin ziehen lassen, bis sie rosa ist, dann herausnehmen und beiseitelegen. Die Karotten im Linseneintopf garen, den Schweinefuß im Eintopf erwärmen, zum Schluss das Fleisch vom Knochen zupfen und zum Eintopf geben. Mit Maldon Sea Salt und Pfeffer abschmecken.

Die Stopfleber dekantieren (herausheben), mit Puderzucker bestäuben und mit dem Küchenbrenner anflämmen, dann zurück zum Eintopf geben. Den Trüffel darüberhobeln und mit einigen Frühstücksspeck-Streuseln oder Kochschinkenstreifen servieren.

GRATIN
VON SCHWEINEFÜSSEN
VON MEINEM LEHRER JEAN-PIERRE BILLOUX

MAN NEHME:

8 Schweinefüße
24 Minikarotten
200 g Pfifferlinge
50 g Knollensellerie
50 g Staudensellerie
150 g Zwiebeln
50 g Knoblauchzehen
2 EL Petersilienstängel, fein geschnitten
2 Handvoll frische Kerbelblätter
1 l Geflügelbrühe (siehe S. 38)
2 ½ EL Butter
300–400 ml Trüffeljus (siehe S. 47),
zzgl. Jus zum Marinieren der Kräuter
Semmelbrösel
gebratene Kartoffelwürfel zum Servieren
FdS
BZ
zerstoßener P

DAZU PASST:

1986er Madiran, Domaine Pichard

ZUBEREITUNG:

Schweinefüße flambieren, dann mit einem Lady Remington rasieren – und mit nix anderem, klar?! Die Schweinefüße in der Brühe langsam garen, bis sich das Fleisch vom Knochen löst. Füße herausheben, etwas abkühlen lassen, das Fleisch vorsichtig von Knochen, Knorpeln und Sehnen befreien, auf ein Blech zwischen Plastikfolie legen und flach drücken. Ein paar Minuten kalt stellen, anschließend in 2 mm dicke Scheiben schneiden.

Die Karotten schälen, die Pfifferlinge putzen. Den Knollensellerie schälen und würfeln, den Staudensellerie putzen, schälen und schräg in 1 cm lange Stücke schneiden. Die Zwiebeln und den Knoblauch schälen, die Zwiebeln in 2 cm dicke Ringe, den Knoblauch in Scheiben schneiden.

Petersilienstängel und Kerbel in separaten Schüsseln mit Trüffeljus, Olivenöl, Salz, Pfeffer und Zucker marinieren.

Karotten, Knollensellerie, Zwiebeln und Knoblauch in der Butter langsam bissfest garen (würzen nicht vergessen, ei-ei-ei). Staudensellerie und Fleisch hinzugeben und zügig unter Rühren erhitzen. Petersilie dazugeben, dann rasch die Pfifferlinge unterheben und sofort alles in einer Auflaufform anrichten. Mit dem heißen Trüffeljus übergießen (keine Suppe!), mit Semmelbröseln bestreuen und mit Kartoffelwürfeln und dem marinierten Kerbel bestreuen.

KALBSHAXE

für 4 Personen

MAN NEHME:

↘

1 Kalbshaxe
2 kg MS
2 l Geflügelbrühe (siehe S. 38)

1 EL Dijon-Senf
½ EL BZ
1 Bund Kerbel
1 kleinen Knollensellerie
4 Gelbe Beten
4 Rote Beten
2 kleine Zwiebeln
2 junge Knoblauchzehen
100 ml OöI
MS
P

DAZU PASST:

↘

Volnay Champaus, Marquis d'Angerville

ZUBEREITUNG:

↘

Die Kalbshaxe über Nacht in das Salz legen, rundherum damit bedecken und im Kühlschrank lagern. Am nächsten Tag die Kalbshaxe in der Hühnerbrühe 8 Stunden bei 64 °C garen, bis sie weich ist.

Den Ofen auf 120 °C Umluft vorheizen. Den Kerbel fein schneiden, die Hälfte zum Servieren beiseitelegen. Den Senf mit dem braunen Zucker vermengen und die Haxe mit einem Pinsel damit bestreichen, dann in Kerbel wenden.

Den Knollensellerie, Rote und Gelbe Bete schälen und in große Stücke schneiden. Die Zwiebeln schälen und halbieren. Den Knoblauch komplett lassen. Das Gemüse auf dem Blech verteilen und die Kalbshaxe darauflegen. Im Ofen schonend garen, bis sich das Fleisch vom Knochen löst, das ist je nach Haxe unterschiedlich. Etwas vom Salz säubern, halbieren und mit einem Bunsenbrenner anflammen.

Mit Olivenöl beträufeln und mit schwarzem Pfeffer würzen. Mit dem übrigen Kerbel bestreuen und sofort servieren.

GRÜNE BOHNEN
MIT RINDFLEISCH

für 4–6 Personen

MAN NEHME:

1 kg Bobby-Bohnen
250 g Rindfleisch vom Bug
250 g Kartoffeln (Roseval)
1 Karotte
1 Zwiebel
2 Knoblauchzehen
1 l Rinderbrühe
150 ml Oöl
3 EL Petersilie, fein geschnitten
2 EL Bohnenkraut, mit Stängel fein geschnitten, zum Garnieren
MS
P
BZ

ZUBEREITUNG:

Die Bohnen waschen, putzen und in mundgerechte Stücke schneiden. Das Rindfleisch waschen, trocken tupfen und sehr fein schnetzeln. Die Kartoffeln gut waschen und putzen und mit Schale in 1 cm dicke Würfel schneiden. Die Karotte schälen und fein würfeln. Die Zwiebel schälen und in 1 cm dicke Würfel schneiden. Die Knoblauchzehen schälen und halbieren.

Alle Zutaten bis auf das Bohnenkraut in einen großen Topf geben und aufkochen. Die Temperatur reduzieren und so lange köcheln lassen, bis das Fleisch gerade gar ist und das Gemüse noch nicht zu weich. Mit Meersalz, Pfeffer und braunem Zucker abschmecken, dann die Petersilie einrühren. In tiefe Teller füllen und mit dem Bohnenkraut garniert servieren.

Innereien

—

raus

-

rein

-

in den Topf

-

1.

X. 11.

KALBSNIEREN
IN SENFSAUCE

für 4 Personen

MAN NEHME:

↘

3 Nieren vom Milchkalb, ohne Fett
(die Nierenbecken vom Fleischer herausschneiden lassen und die Nieren in walnussgroße Stücke schneiden lassen)
2 EL Beurre noisette
2 EL Schalotten, fein geschnitten
2 EL Dijon-Senf
150 ml Weißwein
2 EL Crème fraîche
3 EL Petersilie, fein geschnitten
12 gekochte La-Ratte-Kartoffeln zum Servieren
Salat von 500 g Spinat zum Servieren
FdS
P
ZS

DAZU PASST:

↘

Volnay Village, Burgund

ZUBEREITUNG:

↘

Die Kalbsnieren salzen und pfeffern und in der Beurre noisette blutig braten. Mit dem Schaumlöffel herausheben, die Nieren mit einer Fleischgabel mehrere Male einstechen und in einem Sieb den Saft abtropfen lassen, dann warm halten. Die Pfanne nicht spülen.

In der gleichen Pfanne die Schalotten goldgelb dünsten, den Senf kurz mitbraten, mit Weißwein ablöschen und fast ganz einkochen lassen. Creme fraîche hinzugeben und einmal aufkochen lassen. Mit Fleur de Sel, Pfeffer und Zitronensaft abschmecken.

Nieren in die Sauce geben, kurz verrühren und mit Schnittlauchröllchen und Stiefmütterchen bestreut servieren. Dazu Kartoffeln und Spinatsalat reichen.

CHICORÉE UND KALBSNIEREN IN RAHMSAUCE

VON MEINEM LEHRER JEAN-PIERRE BILLOUX

für 4 Personen

MAN NEHME:

4 Chicorée
1 Zwiebel
1 Knoblauchzehe
1 Bund Schnittlauch
500 g Crème fraîche
1 Kalbsniere ohne Fett
400 g Butter
MSS
P
Z
ZS

DAZU PASST:

Bourgogne Passetoutgrains

ZUBEREITUNG:

Den Chicorée waschen, putzen und in Julienne schneiden. Die Zwiebel schälen und ebenfalls in Julienne schneiden. Den Knoblauch schälen und reiben. Den Schnittlauch waschen, trocken schütteln und in feine Röllchen schneiden.

Die Niere waschen, das Nierenbecken entfernen. Die Niere trocken tupfen und in 5 cm dicke Streifen schneiden.

Die Zwiebel und den Knoblauch in der Hälfte der Butter anschwitzen. Den Chicorée hinzugeben und mit Maldon Sea Salt und Zucker würzen. Umrühren, die Crème fraîche hinzugeben, erneut würzen und mit Zucker und Zitronensaft abschmecken.

Die übrige Butter erhitzen und aufschäumen lassen, die Nierenstreifen darin rosa braten und mit Maldon Sea Salt und Pfeffer würzen. Mit dem Chicorée in eine Schüssel geben und vermengen. Mit dem Schnittlauch bestreut servieren.

MEIN BURGUND: FLÜSSE AUS SAHNE,
SEEN AUS CRÈME FRAÎCHE, BERGE AUS BUTTER

SAINT MICHEL

KALBSZUNGE À LA CRÈME

für 8 Personen

MAN NEHME:

2 Kalbszungen
1 l Geflügelbrühe
1 Handvoll Kerbel
1 Handvoll Petersilienblatter
Filets von 1 Zitrone
2 EL Kapern (Nonpareilles)
Öl

16 Schluppen
8 Petersilienwurzeln
12 Karotten mit Grün
16 Schalotten mit Schale
16 Knoblauchzehen mit Schale
3 EL fein geschnittene Petersilienstängel
1 l Gemüsebrühe (siehe S. 37)

1 Portion Sauce Béchamel (siehe S.48)
2 Champignons

P

ZUBEREITUNG:

Die Kalbszungen in der Geflügelbrühe weich kochen. Kerbel und Petersilie mit Zitronenfilets, Kapern und Kapernwasser und Olivenöl marinieren.

Die Schluppen putzen, die Petersilienwurzeln schälen und vierteln. Die Karotten schälen, dabei etwas Grün dranlassen. Schluppen, Petersilienwurzeln und Karotten mit Schalotten, Knoblauch und Petersilienstängel in der Gemüsebrühe weich kochen.

Die Kalbszungen heiß häuten, in 2 cm dicke Scheiben schneiden und in eine Auflaufform legen (Hast du die richtig abtropfen lassen? Na, schon wieder geschlampt?). Das noch heiße Gemüse in die Auflaufform auf die Kalbszunge legen. Mit Sauce Béchamel übergießen, Champignons darüberreiben und mit den marinierten Kräutern würzen. Mit Salz und Pfeffer abschmecken.

DAZU PASST:

Beaujolais nouveau oder junger Pinot Noir von Friedrich Becker

LOHSE IS COMING HOME

lohses heimat

keiner gehts nicht

!

OWL-CURRYWURST-GULASCH

für 6 Personen

MAN NEHME:

6 grobe Bratwürste von Bünger aus Berlin
6 Gewürzgurken
6 Perlzwiebeln
400 g Ketchup
50 g mittelscharfen Löwensenf
18 Tropfen Worcestersauce
Cashmere-Currypulver

ZUBEREITUNG:

Die Bratwürste auf dem Holzkohlegrill grillen und in mundgerechte Stücke schneiden.

Die Gewürzgurken in dünne Scheiben schneiden und mit Perlzwiebeln, Ketchup, Senf und Worcestersauce sowie 50 ml Wasser erwärmen. Die Wurststücke einrühren, alles gut durchwärmen und in tiefen Tellern anrichten. Mit dem Currypulver bestreuen.

Fakultativ ein Bratwurstbrötchen dazu reichen.

WURST BREI

für 6 Personen

MAN NEHME:

↘

1,2 kg Wurstbrei
(Fleischerei Timmerberg)
12 Scheiben Graubrot
Spreewälder Gurken nach Verlangen

ZUBEREITUNG:

↘

Den Wurstbrei bei Timmerberg in Bad Oeynhausen bestellen und in einer Pfanne knusprig anbraten. In einem tiefen Teller mit Graubrot, Gewürzgurken, Bier und Steinhäger servieren.

DAZU PASST:

↘

Barre Bräu
Steinhäger

C.L. und Kalle Heistermann

VON FREUNDEN FÜR FREUNDE

bitte asyl

–

von freunden
aus der fremde
für fremde
aus dem fremden

KÜRBISSUPPE

VON STEFAN ATHMANN

für 6–8 Personen

MAN NEHME:

1 Hokkaido-Kürbis
1 Kartoffel
1 Zwiebel
1 Bund Suppengemüse
2 EL Öl
1 l Gemüsebrühe (siehe S. 37)
30 g geschälte Kürbiskerne
200 g Schlagsahne
1 Prise Muskatnuss
Kürbiskernöl zum Beträufeln

S

P
Z
ZS

ZUBEREITUNG:

Den Kürbis waschen, abreiben, halbieren und die Kerne entfernen. Das Fruchtfleisch mit Schale in Würfel schneiden. Die Kartoffel und die Zwiebel schälen und klein würfeln. Das Suppengemüse putzen, schälen und ebenfalls klein würfeln. Das Öl in einem großen Topf erhitzen und das ganze Gemüse darin anrösten. Sobald es Farbe annimmt, mit der Brühe ablöschen. Die Suppe 20 Minuten bei mittlerer Hitze köcheln, bis der Kürbis weich ist, dann mit einem Stabmixer fein pürieren.

In der Zwischenzeit die Kürbiskerne in einer Pfanne ohne Fett anrösten.

Die Sahne zur Suppe gießen und erneut aufkochen. Mit Salz, Pfeffer, Zucker, Zitronensaft und Muskat abschmecken. Die Suppe auf vorgewärmte Teller verteilen. Mit Kürbiskernöl beträufeln und mit einigen Kürbiskernen bestreut servieren.

GRÜNER BORSCHTSCH

VON TANTE LILIA

für 5 Personen

MAN NEHME:

5 mittelgroße Kartoffeln
1 Zwiebel
1 Karotte
3 Handvoll Sauerampfer
1 Handvoll Brennnesseln
1,2 l Gemüsebrühe (siehe S. 37)
5 hart gekochte Eier
Öl zum Anbraten
saure Sahne und Petersilie (oder andere Kräuter) zum Servieren

S
P

ZUBEREITUNG:

Die Kartoffeln schälen und in mundgerechte Stücke schneiden. Die Zwiebel schälen und in dünne Ringe schneiden, die Karotte ebenfalls schälen und in Scheiben schneiden. Den Sauerampfer und die Brennnesseln waschen, trocken schütteln und in feine streifen Schneiden. In einer Pfanne etwas Öl erhitzen und die Karotte und die Zwiebel darin kurz anbraten, dann beiseitestellen.

Die Brühe in einem großen Topf zum Kochen bringen und die Kartoffeln hineingeben. Die Hitze reduzieren und die Kartoffeln in 10 Minuten gerade eben gar kochen. Den Sauerampfer und die Brennnesseln hineingeben und kurz mitköcheln lassen. Zum Schluss vorsichtig die Eier hineingeben, damit sie sich erwärmen.

Die Suppe auf tiefe Teller verteilen, dabei jeweils ein Ei pro Teller herausschöpfen. Auf jede Portion einen Klecks saure Sahne geben und mit Petersilie bestreut servieren.

Christian Herget, C.L., Jerry Gallares und die Hühner bleu, blanc et rouge

SÜDTIROLER GERSTSUPPE

VON LISA SALTVARI

für 4 Personen

MAN NEHME:

300 g Selchfleisch
(gepökelte und geräucherte Schweinshaxe)
150 g Gerste
1 Zwiebel
2 Karotten
½ Lauchstange
½ Selleriestange
1 Kartoffel
1 TL Liebstöckel
2 EL Petersilie, frisch geschnitten
S
P

ZUBEREITUNG:

Das Selchfleisch und die Gerste mit 2 Litern Wasser in einen großen Topf geben und 2 Stunden bei niedriger Temperatur köcheln.

Die Zwiebel schälen und fein hacken. Karotten, Lauch und Sellerie waschen, putzen und fein würfeln. Die Kartoffel schälen und fein reiben. Zwiebeln und Gemüse 20 Minuten vor dem Ende der Garzeit zu Selchfleisch und Gerste geben.

Das Selchfleisch herausheben, in kleine Stücke schneiden und wieder zurück in die Suppe geben. Mit Salz, Pfeffer und Liebstöckel abschmecken. In tiefe Teller geben und mit Petersilie bestreut servieren.

SÜDTIROLER TIPP:

Die Gerstsuppe schmeckt noch mal aufgewärmt am besten!

GRAUPEN SUPPE

MIT PÖKELFLEISCH UND MEERRETTICH

VON MONIKA LOHSE

für 4–6 Personen

MAN NEHME:

1 mittelgroße Zwiebel
1 Karotte
200 g Knollensellerie
1 Lauchstange, nur das Weiße
2 Thymianzweige
2 gepökelte Schweinshaxen
1 l Rinderbrühe (siehe S. 41)
1 Lorbeerblatt
100 g mittelfeine Perlgraupen
250 g Schlagsahne
frisch geriebenen Meerrettich zum Servieren
P

ZUBEREITUNG:

Die Zwiebel schälen und halbieren. Die Karotte und den Knollensellerie schälen. Den Lauch waschen und putzen. Karotte, Sellerie und Lauch in feine Streifen schneiden. Den Thymian waschen, trocken schütteln, die Blättchen abstreifen und fein hacken.

Die Haxen in einen großen Topf geben und so viel kaltes Wasser angießen, dass sie bedeckt sind. Bei mittlerer Hitze aufkochen, den aufsteigenden Schaum abschöpfen, die Hitze reduzieren und 30 Minuten garen. Das Kochwasser abgießen.

Die Rinderbrühe zu den Haxen in den Topf gießen. So viel zusätzliches Wasser zugießen, dass die Haxen wieder bedeckt sind, und alles aufkochen. Nach 30 Minuten die Zwiebelhälften und das Lorbeerblatt dazugeben. Die Haxen so bei geringer Hitze weiter köcheln und, wenn sie weich sind, herausheben und beiseitestellen. Zwiebel und Lorbeerblatt ebenfalls entfernen. Die Graupen hineingeben und 15 Minuten kochen. Dann das Gemüse in die Brühe geben und weitere 5 Minuten köcheln. In der Zwischenzeit das Fleisch vom Knochen lösen und würfeln.

Zuletzt die Sahne in die Suppe geben, mit Pfeffer, Thymian und Meerrettich abschmecken und das Fleisch zum Erwärmen zurück in die Suppe geben.

Die Suppe in tiefe Teller geben und etwas geriebenen Meerrettich separat dazu reichen.

KÜRBIS-KICHERERBSEN-EINTOPF

für 10 Personen

MAN NEHME:

1 Bund Suppengemüse
1 große Rinderbeinscheibe

500 g Kartoffeln
800 g Hokkadio-Kürbis
2 rote Zwiebeln
200 g Frühstücksspeck
1 große Dose Kichererbsen (800 g)
1 kleine Dose grüne Bruchbhohnen (400 g)
1 kleine Dose weiße Bohnen (400 g)
1 kleine Dose Kidneybohnen (400 g)
1 kleine Dose Mais (400 g)
1 gehäufter TL Kreuzkümmel
1–1 ½ l Gemüsebrühe
Majoran, Bohnenkraut und Liebstöckel zum Abschmecken

ZUBEREITUNG:

Das Suppengemüse putzen und würfeln und mit der Rinderbeinscheibe in einen großen Topf geben. So viel Wasser angießen, dass alles bedeckt ist, und 1 ½ Stunden garen.

Das Rindfleisch herausheben, vom Knochen lösen und fein würfeln, die Brühe beiseitestellen. Die Kartoffeln schälen und würfeln, den Kürbis putzen und würfeln. Die Kichererbsen, die verschiedenen Bohnen und den Mais abtropfen lassen. Die Zwiebeln schälen und würfeln und mit dem Speck in einem zweiten großen Topf anbraten. Alle übrigen Zutaten hinzugeben und mit der Gemüsebrühe auffüllen, bis alles bedeckt ist.

Den Eintopf 30 Minuten köcheln lassen, dann mit Majoran, Bohnenkraut, Liebstöckel und Salz und Pfeffer abschmecken.

BUTTERMILCH-BOHNEN-SUPPE

VON SABINA ILLBRUCKS GROSSMUTTER

für 4 Personen

MAN NEHME:

1 Zwiebel
1 ½ kg Stangenbohnen
Butter zum Anbraten
200 g Kartoffeln

½ l Buttermilch
½ l Sahne

ZUBEREITUNG:

Die Zwiebel und die Stangenbohnen in etwas Butter kurz anbraten. Die Kartoffeln gesondert kochen und stampfen. Die Bohnen zu den Kartoffeln geben.

Die Buttermilch und die Hälfte der süßen Sahne mit etwas Mehl verschlagen und zu den Bohnen und zerstampften Kartoffeln geben. Die Suppe aufkochen und kurz köcheln lassen. Zum Schluss noch ¼ Liter süße Sahne zugeben und noch einmal aufkochen.

C.L. und Nico Goll

TOMATEN-SUPPE

VON CAROLIN MELTENDORF

für 6–8 Personen

MAN NEHME:

1 Zwiebel
2 EL Öl
1 EL frisch geriebenen Ingwer
1 TL Currypulver
4 Dosen (à 400 g) geschälte oder gehackte Tomaten
1 Brühwürfel, in etwas heißem Wasser aufgelöst
1 Büffelmozzarella
getrocknete italienische Kräuter, z. B. Basilikum oder Oregano
frisches Basilikum zum Servieren

ZUBEREITUNG:

Die Zwiebel schälen und fein hacken. In einem großen Topf das Öl erhitzen und Zwiebel und Ingwer darin anbraten. Das Currypulver zugeben und kurz mitrösten. Die Tomaten mit Saft angießen. Den aufgelösten Brühwürfel einrühren und die Suppe 20 Minuten köcheln. Mit dem Stabmixer pürieren und mit Salz, Pfeffer und Kräutern abschmecken.

Den Mozzarella würfeln, das Basilikum waschen und trocken schütteln. Die Suppe in tiefe Teller füllen, die Mozzarellawürfel darauf verteilen und mit Basilikum garniert servieren.

VON PAULINA LOPEZ

für 4 Personen

MAN NEHME:

3 Hähnchenbrüste
½ rote Paprika
2 ganze Maiskolben
4 festkochende Kartoffeln
2 Süßkartoffeln
200 g Dosenmais
1 Knoblauchzehe
½ EL Hühnerbrühenpulver
200 g parboiled Reis
Öl zum Anbraten
S

ZUBEREITUNG:

Die Hähnchenbrüste waschen, trocken tupfen und halbieren. Die Paprika längs in feine Streifen schneiden. Die Maiskolben erst quer halbieren, dann die entstandenen Stücke vierteln. Die Kartoffeln und Süßkartoffeln schälen und halbieren.

In einem großen Topf das Öl erhitzen und das Hähnchen darin mit dem Knoblauch und der Paprika unter Rühren 4 Minuten anbraten. Die Kartoffeln, die Süßkartoffeln, die Maiskolben und den Dosenmais dazugeben und die Knoblauchzehe hineinpressen. Das Hühnerbrühenpulver hineingeben, so viel Wasser angießen, bis alles bedeckt ist, und 30 Minuten köcheln lassen.

Danach die Kartoffeln kontrollieren, ob sie schon gar sind. Ist das der Fall, den Reis hinzugeben und noch einmal 350 ml Wasser angießen und mit Salz abschmecken. Weitere 15 Minuten köcheln lassen.

Guten Appetit — Buen provecho!

WAN TAN

MAN NEHME:

↓

Konsultieren Sie den Chinesen Ihres Vertrauens.

PHILIPPINISCHES HÄHNCHEN
NACH GROSSVATERS ART
VON JERRY GALLARES

für 4 Personen

MAN NEHME:

1 küchenfertiges Hähnchen (eigentlich ein Hahn, der zweite Sieger beim Hahnenkampf)
2 Zwiebeln
3 Knoblauchzehen
4 cm Ingwer
1 Chayote (exotische Gemüseart, verwandt mit Zucchini und Gurke)
1 Pak Choi mit Wurzelansatz
2 EL Öl zum Anbraten
1 l Geflügelbrühe (siehe S. 38)
2 EL Fischsauce
10 Chiliblätter
Saft von ½ Calamansi (Calamondinorange), ersatzweise Limette
gegarten Reis zum Servieren
S
P

ZUBEREITUNG:

Das Hähnchen in etwa 10 Teile schneiden. Die Zwiebeln schälen und grob hacken, den Knoblauch schälen und fein hacken. Den Ingwer schälen und in feine Streifen schneiden, Sie benötigen insgesamt 2 EL davon. Die Chayote schälen und in mundgerechte Stücke schneiden. Den Pak Choi waschen, putzen und Wurzelansatz sowie Blätter in grobe Stücke schneiden.

In einem großen Topf das Öl erhitzen und Zwiebeln, Knoblauch und Ingwer darin anbraten. Die Hähnchenstücke dazugeben und kurz mitbraten. Salzen, pfeffern und etwa ⅔ der Brühe zugeben. Das Ganze aufkochen lassen, dann die Hitze reduzieren und etwa 15 Minuten köcheln, bis das Huhn fast gar ist. Dabei gelegentlich umrühren.

Die Fischsauce, die Chayote und das Weiße vom Pak Choi dazugeben und 10 Minuten köcheln. Den Topf vom Herd nehmen und das Grüne vom Pack Choi und die Chiliblätter hinzugeben. Den Eintopf 5 Minuten ziehen lassen, dann mit Zitrussaft abschmecken und mit Reis servieren.

Mario, C.L., Guy, Kilo, Lou

KANADISCHER WILDLACHS-CHOWDER

VON SEAN CONROY

für 6–8 Personen

MAN NEHME:

250 g Zwiebeln
300 g Karotten
300 g Staudensellerie
300 g Kartoffeln
30 g Butter
30 g Mehl
2 l Fischbrühe (siehe S. 42)
500 g Schlagahne
300 g Wildlachsfilets
frisch gehackte Petersilie und
frisch gehackten Dill zum Garnieren
S
P
ZS

ZUBEREITUNG:

Die Zwiebeln schälen und in 1 cm dicke Würfel schneiden. Karotten, Sellerie und Kartoffeln schälen und ebenfalls fein würfeln. Die Butter in einer Pfanne erhitzen und die Zwiebeln darin glasig dünsten. Karotten, Sellerie und Kartoffeln zugeben und 3 Minuten dünsten. Das Mehl einrühren und 1 Minute anschwitzen, bis es Farbe annimmt.

Die Fischbrühe unter ständigem Rühren – damit keine Klumpen entstehen – zugeben. Bei mittlerer Hitze zum Kochen bringen und so lange köcheln, bis Gemüse und Kartoffeln bissfest sind. Die Sahne zugießen und aufkochen. Mit Salz, Pfeffer und Zitronensaft abschmecken.

Den Lachs waschen, trocken tupfen und in 4 cm breite Stücke schneiden. Die Lachsstücke im Chowder bei geringer Hitze leicht pochieren. Auf tiefe Teller verteilen und mit den Kräutern garnieren.

KÖNIGSKRABBE MIT RUSSISCHEM KRAUTSALAT

VON V.P.

für 4 Personen

MAN NEHME:

für die Krabben:

50 g Butter
4 Königskrabbenbeine, ausgelöst
2 EL frisch gehackte Petersilie

für den Krautsalat:

½ Weißkohl
2 Karotten
2 Tomaten
1 Knoblauchzehe
3 EL saure Sahne
½ EL frisch gehackten Koriander
ZS
S
P

ZUBEREITUNG:

Für den Krautsalat am Vortag den Kohl waschen, putzen und fein hobeln. Die Karotten schälen und raspeln. Die Tomaten häuten, entkernen und würfeln. Den Knoblauch schälen und fein hacken. Alles in eine Schüssel geben, die saure Sahne und den Koriander untermischen und mit Zitronensaft, Salz und Pfeffer abschmecken. Den Salat 12 Stunden im Kühlschrank ziehen lassen.

Die Butter in einer Pfanne erhitzen und die Krabbenbeine darin sanft erwärmen. Die Petersilie darüberstreuen. Den Krautsalat auf vier Tellern anrichten, je ein Krabbenbein darauflegen und mit etwas Butter und Petersilie garnieren.

CHOWDER

VON HYANNI

für 8 Personen

MAN NEHME:

100 g gewürfelten, geräucherten Speck
150 g gehackte Zwiebeln
1 l Fischbrühe (siehe S. 42)
400 g geschälte, gewürfelte Kartoffeln
1,2 kg Fischfilets, in Stücke geschnitten
500 ml Milch
500 g Sahne
6 EL Butter
gemahlenes Rosenpaprikapulver
gemahlener Thymian
S
P

ZUBEREITUNG:

Den Speck in einem großen Topf auslassen, mit dem Schaumlöffel herausheben und beiseitestellen. Die Zwiebel in dem Speckfett gar dünsten. Die Fischbrühe und die Kartoffeln zugeben, mit Thymian würzen, dann kochen, bis die Kartoffeln weich sind.

Den Fisch zugeben und 5 Minuten gar ziehen lassen. Milch und Sahne zugießen und mit Salz und Pfeffer abschmecken. Den Herd ausschalten und die Suppe 1 Stunde stehen lassen. Zum Servieren wieder durchwärmen, aber nicht kochen. Die Butter einrühren, bis sie geschmolzen ist, die Suppe in tiefe Teller füllen und mit Speck und Paprikapulver garniert servieren.

HOLLÄNDISCHER FISCHEINTOPF FÜR KRISENZEITEN

VON JOHNNY STRUIJK

für 6 Personen

MAN NEHME:

3 Schollen
3 Flundern
1 Zwiebel
2 Kartoffeln
1 Karotte
¼ Wirsing
1 Lorbeerblatt
1 Thymianzweig
15 weiße Pfefferkörner
1 Bund Petersilie zum Servieren
80 g Butter
80 g Mehl
S

ZUBEREITUNG:

Den Fisch gründlich säubern und filetieren. Die Zwiebel schälen und grob hacken. Die Kartoffeln und die Karotte schälen und würfeln, den Wirsing putzen und in feine Streifen schneiden.

Den Fisch und das Gemüse sowie Lorbeerblatt, Thymian und Pfeffer in einen großen Topf geben und mit 2 Litern Wasser übergießen. Das Ganze 30–45 Minuten köcheln. Anschließend durch ein Sieb gießen. Die Flüssigkeit auffangen, Gemüse und Fisch aus dem Sieb nehmen und beiseitestellen.

Die Petersilie waschen, trocken schütteln, fein hacken und beiseitestellen.

Aus Butter und Mehl eine Mehlschwitze zubereiten und den Fond damit binden. Gemüse und Fisch zurück in die Suppe geben und mit Salz abschmecken.

Die Suppe in tiefe Teller geben und mit reichlich Petersilie bestreut servieren.

MEERFORELLE BLAU MIT ZAZIKI

VON LISCHEN

für 4 Personen

MAN NEHME:

400 g Filets von der Meerforelle (alternativ Meersaibling oder Lachs)
½ Salatgurke
200 g Joghurt (10 % Fett)
¼ Bund frischen Dill
Kümmelöl
frische Kräuter nach Belieben (z.B. Kerbel)
Kümmelsamen
1 Zitrone
Salatblätter und Kräuter zum Garnieren
Vinaigrette
Micro-Croûtons (sehr winzige Croûtons aus in geklärter Butter frittiertem Toastbrot)
S

ZUBEREITUNG:

Die Filets waschen, trocken tupfen und salzen. Die Filets in mehrere Lagen Frischhaltefolie wickeln, dann in eine Lage Alufolie. Eine hohe Pfanne zur Hälfte mit Wasser füllen und das Wasser auf 54 °C erwärmen. Wenn das Wasser heißer wird, verändert der Fisch seine Farbe. Den Fisch im Wasser 8 Minuten pochieren, kurz abkühlen lassen und in den Kühlschrank stellen.

Für den Zaziki die Gurke schälen, entkernen und in sehr feine Würfel schneiden. Mit dem Joghurt vermischen. Den Dill waschen, trocken schütteln, fein hacken und unter den Joghurt rühren. Mit Kümmelöl abschmecken.

Den Kerbel (oder die anderen verwendeten Kräuter) waschen, trocken schütteln und fein hacken. Wenn die Fischroulade gut abgekühlt ist, aus der Folie wickeln und mit Küchenpapier trocken tupfen. Mit Salz würzen und in den Kräutern und Kümmelsamen rollen. Erneut in Frischhaltefolie wickeln und wieder kühlen.

Zum Servieren acht Scheiben aus den Filets schneiden und je zwei auf einen Teller legen. Mit zwei Teelöffeln aus der Zaziki Nocken formen und auf die Teller setzen. Die Salatblätter auf dem Teller anrichten, mit Vinaigrette beträufeln und die Micro-Croûtons darüberstreuen.

PROVENZALISCHER SCHMORTOPF

VON SUSANNE WEISS

für 3–4 Personen

MAN NEHME:

500 g Kartoffeln
6 Tomaten
1 Knoblauchzehe
100 g mit Paprika gefüllte Oliven
4 Zwiebeln
500 g Rindergulasch
2 Petersilienstängel
je 2 Thymian- und Majoranzweige
1 Rosmarinzweig
1 Lorbeerblatt
4 EL Oöl
2 l Gemüsebrühe
1 Prise Kreuzkümmel
S
P

ZUBEREITUNG:

Den Backofen auf 180 °C vorheizen.

Die Kartoffeln schälen, waschen und achteln. Die Tomaten waschen und vierteln, den Knoblauch schälen und fein schneiden. Die Oliven halbieren. Die Zwiebeln schälen und in schmale Spalten schneiden. Mit dem Fleisch in einem großen Schmortopf vermengen.

Die Kräuter waschen, trocken schütteln, Blätter bzw. Nadeln abzupfen und fein schneiden. Das Lorbeerblatt ganz lassen. Die Kräuter auf die Fleisch-Gemüse-Mischung streuen und das Olivenöl darüberträufeln. Die Gemüsebrühe angießen, alles gut durchmischen, mit Kreuzkümmel und Pfeffer würzen. Den Deckel auflegen und 2 Stunden im Ofen schmoren. Vor dem Servieren dasLorbeerblatt entfernen und nach Belieben salzen.

RINDERBRUST EINTOPF

VON CHRISTIAN HERGET

MAN NEHME:

500 g durchwachsene Rinderbrust
1 große Zwiebel
2 Knoblauchzehen
1 frisches Lorbeerblatt
250 g Karotten
250 g Staudensellerie
1 Lauchstange
4 Markknochen vom Rind, je ca. 5 cm dick
300 g zweifach konzentriertes Tomatenmark
1 kleiner Stängel Liebstöckel
2 Petersilienstängel
200 g Schlagsahne
gegarte Suppennudeln nach Belieben
Pflanzenöl zum Anbraten

ZUBEREITUNG:

Die Rinderbrust waschen, trocken tupfen und in mundgerechte Stücke schneiden. Die Zwiebel und den Knoblauch schälen und würfeln. Etwas Öl im Schnellkochtopf erhitzen und Rinderbrust, Zwiebel und Knoblauch darin anbraten. Mit Salz würzen, das Lorbeerblatt dazugeben und 1,5 Liter Wasser angießen. Den Deckel des Schnellkochtopfs verriegeln. Die Brühe 30 Minuten köcheln lassen.

In der Zwischenzeit die Karotten und den Sellerie schälen und würfeln. Den Lauch waschen, putzen und in dünne Ringe schneiden.

Den Schnellkochtopf nach der Garzeit vom Herd nehmen und warten, bis der Druck abgebaut ist. Den Deckel abnehmen, Gemüse, Markknochen und Tomatenmark in die Brühe geben und den Deckel wieder verriegeln. Die Brühe erneut aufkochen und 5 Minuten kochen. Wieder vom Herd nehmen und warten, bis der Druck abgebaut ist.

In der Zwischenzeit Liebstöckel und Petersilie waschen und mit Stängeln fein hacken. Den Topf öffnen, die Kräuter hineingeben und die Sahne dazugießen. Mit Salz und Pfeffer abschmecken und das Lorbeerblatt sowie die Markknochen entfernen. Nach Belieben die Nudeln untermischen, erneut durchwärmen und servieren.

Frisch gestoßener Pfeffer drauf!

Thomas Ludewig, C.L., Bernd Tönsing, L.G.

Bernd Tönsing
DIE ALTE SCHULE

EINTOPF
MIT LAMM UND GEMÜSE
VON JIANHUA WU

für 4 Personen

MAN NEHME:

15 frische Morcheln (alternativ getrocknete Morcheln)
3 Selleriestangen
2 Pak Choi
2 Karotten
4 Stängel frischen Koriander
150 g Lammschulter, in dünne Scheiben geschnitten
3 scharfe Chilis
2 EL Sojasauce
1,5 l Geflügelbrühe (siehe S. 38)
½ TL S
1 EL Tafelessig
Öl zum Anbraten

ZUBEREITUNG:

Die getrockneten Morcheln, falls verwendet, 1 Stunde in kaltem Wasser quellen lassen. Andernfalls die frischen Morcheln putzen und in mundgerechte Stücke schneiden. Den Sellerie putzen und in mundgerechte Stücke schneiden, den Pak Choi waschen, putzen und in mundgerechte Stücke zupfen.
Die Karotten schälen und in Scheiben schneiden.

In einem großen Topf etwas Öl erhitzen. Die Lammscheiben darin rundherum kräftig anbraten. Das Fleisch mit dem Schaumlöffel herausheben und beiseitestellen. Bei Bedarf etwas mehr Öl in den Topf geben, darin die Chilis und das Gemüse anbraten. Das Lamm wieder dazugeben und noch einmal kurz mitbraten, dann mit 2 EL Sojasauce ablöschen. Die Hühnerbrühe zugießen und mit Salz und Tafelessig würzen. Aufkochen, Hitze reduzieren und 10 Minuten köcheln und abschmecken. Den Koriander waschen, trocken schütteln und zerzupfen, dann in die Suppe rühren, 1 weitere Minute köcheln und vor dem Servieren die Chilis entfernen.

BLINDHUHN EINTOPF

VON BERND TÖNSING

für 6 Personen

MAN NEHME:

1,5 l Geflügelbrühe (siehe S.38), wenn möglich vom Vortag
250 g weiße Bohnen, über Nacht oder mindestens 12 Stunden in Wasser eingeweicht
250 g Karotten
250 g Kartoffeln
250 g grüne Bohnen
250 g durchwachsenen Speck
1 Handvoll frisch gehackte Petersilie

NACH BELIEBEN UND GESCHMACK:

1 säuerlicher Apfel
1 Birne

ZUBEREITUNG:

Die eingeweichten Bohnen abspülen und ca. 30 Minuten in der Geflügelbrühe garen.

Karotten und Kartoffeln schälen und in gleich große Stücke schneiden, die Bohnen putzen und dritteln. Den Speck würfeln. Karotten, Kartoffeln, Bohnen und Speck in den Fond geben und weitere 30 Minuten köcheln, bis alles gar ist.

Den Eintopf mit Salz und Pfeffer abschmecken und zum Schluss frisch gehackte Petersilie dazugeben.

Im Original gehören Birnen und Äpfel dazu: In gleich große Stücke schneiden und 5 Minuten vor Ende der Garzeit zugeben.

SOLJANKA

VON HEIKE LOWISCH-RINGHANDT

für 6 Personen

MAN NEHME:

500 g Bierschinken
2 Zwiebeln
6 Knoblauchzehen
je 1 gelbe, rote und grüne Paprika
3 Tomaten
6 Spreewälder Gurken
2 EL Oöl
250 g passierte Tomaten
1 Lorbeerblatt
1 l Rinderbrühe (siehe S. 41)
3 EL Speisestärke, mit etwas Wasser glatt gerührt
S
P

ZUBEREITUNG:

Den Bierschinken in Streifen schneiden. Die Zwiebeln und den Knoblauch schälen und würfeln, die Paprikaschoten waschen, entkernen und würfeln. Die Tomaten waschen, vierteln und entkernen. Die Gewürzgurken fein würfeln.

Das Öl in einem großen Topf erhitzen. Zwiebeln und Knoblauch darin andünsten, dann Bierschinken, Paprika, Tomaten, Gurken, passierte Tomaten und das Lorbeerblatt hinzufügen. Mit der Rinderbrühe übergießen und alles aufkochen. So lange kochen, bis die Paprika gerade eben gar ist. Die Speisestärke einrühren und noch einmal aufkochen, sodass die Suppe etwas andickt.

Mit Salz und Pfeffer abschmecken und in Suppentassen oder Schalen servieren.

NIKUJAGA

DEFTIGER EINTOPF AUS JAPAN

VON JÜRGEN WEIGMANN

MAN NEHME:

3 mittelgroße Kartoffeln
3 Karotten
1 große Zwiebel
400 g Rindergulasch
1 EL Pflanzenöl
500 ml Dashi (japan. Fischsud)
2 EL Mirin
2 EL Z
4 EL Sojasauce
200 g Shirataki-Nudeln oder andere Glasnudeln (oder auch einfach mit einer Schale Reis servieren, so esse ich es am liebsten)

für 4 Personen

ZUBEREITUNG:

Die Kartoffeln und die Karotten schälen und in mundgerechte Stücke schneiden. Die Zwiebel schälen und vierteln.

In einem großen Topf Wasser zum Kochen bringen. Wenn es kocht, den Herd ausschalten und das Rindfleisch ins Wasser geben. So lange im Wasser lassen, bis es eine gräuliche Farbe angenommen hat. Mit einem Schöpflöffel herausheben und auf einem Teller beiseitestellen. Dieser Vorgang entfernt überschüssiges Fett.

In einem zweiten Topf das Pflanzenöl erhitzen und die Zwiebel und das Fleisch darin anbraten, bis es Farbe annimmt. Kartoffeln und Karotten hinzugeben und mit Dashi übergießen. Die Suppe aufkochen, dann die Hitze reduzieren und alle übrigen Zutaten hineingeben. Den Topf mit einem Deckel schließen und so lange köcheln, bis das Fleisch weich ist. Dünn geschnittenes Fleisch braucht 30—40 Minuten, dickere Stücke 1—1½ Stunden. Den an der Oberfläche entstehenden Schaum abschöpfen.

In der Zwischenzeit die Nudeln oder den Reis nach Packungsangabe garen.

Die Suppe auf kleine Schalen verteilen und heiß servieren. Die Nudeln oder den Reis separat dazu reichen. Itadakimasu!

SAURE-BOHNEN-EINTOPF
MIT SCHWEINEBAUCH
VON BERND SIENER

MAN NEHME:

600 g Schweinebauch (ich mag ihn am liebsten vom Duroc-Schwein)
2 mittelgroße Zwiebeln
1 Lauchstange
1 Lorbeerblatt
20 g Butter
100 g geräucherten Bauchspeck
500 g milchsauer vergorene Bohnen (Schnippelbohnen)
250 g Kartoffelpüree von festkochenden Kartoffeln (z.B. Linda) oder La-Ratte-Kartoffeln in ordentlich Butter
geröstetes Bauernbrot zum Servieren
S
P

ZUBEREITUNG:

In einem großen Topf den Schweinebauch mit Wasser bedecken, salzen und auf mittlerer Hitze zum Kochen bringen. Den aufsteigenden Schaum abschöpfen.

Eine Zwiebel schälen und würfeln, die andere nur schälen. Den Lauch waschen, putzen und das Weiße in 5 cm lange Stücke schneiden. Die ganze geschälte Zwiebel, das Lorbeerblatt und den Lauch zum Schweinebauch geben. Die Hitze reduzieren und den Bauch weich kochen.

In einem zweiten großen Topf die Butter erhitzen, bis sie schäumt, und die gewürfelte Zwiebel darin glasig anschwitzen. Den geräucherten Bauchspeck von Schwarte und Knorpeln befreien und in nicht zu feine Streifen schneiden. Den Speck zu den Zwiebeln geben und kurz mitbraten. Die Bohnen aus der Verpackung nehmen und eine Hälfte ungewaschen zur Zwiebel-Speck-Mischung geben. Die andere Hälfte kurz abspülen, dann ebenfalls dazugeben. Mit Fond vom Schweinebauch auffüllen und 20–30 Minuten sanft köcheln. Mit Kartoffelpüree binden, dann abschmecken.

Zuletzt den Schweinebauch vom Knochen befreien und in großzügige Portionen schneiden. (Zwiebel, Lauch und Lorbeerblatt werden nicht mehr gebraucht.) Die Suppe auf tiefe Teller verteilen, je ein Stück Schweinebauch hineingeben und mit geröstetem Bauernbrot servieren.

IRISH BEEF STEW

VON HELEN GOMERSAL

für 4 Personen

MAN NEHME:

750 g Rinderschmorfleisch
175 g durchwachsener Speck
12 kleine Zwiebeln
18 Champignons
12 ganze Minikarotten oder 3 geviertelte Karotten
1 EL frische Thymianblättchen
10 Knoblauchzehen
425 ml Rotwein
425 ml Geflügelbrühe (siehe S. 38)
50 g Butter
1 EL Mehl
2 EL frisch gehackte Petersilie zum Servieren
Oöl zum Anbraten
S
P

ZUBEREITUNG:

Den Ofen auf 160 °C vorheizen. Rindfleisch und Speck würfeln, in heißem Olivenöl anbraten, dann aus der Pfanne heben.

Die Zwiebeln schälen, die Champignons putzen. Die Karotten schälen und vierteln, Minikarotten — falls verwendet — ganz lassen. Alles in derselben Pfanne nacheinander anbraten und mit Pfeffer und Salz würzen.

Den Knoblauch mit Schale halbieren. Zwiebeln, Champignons, Karotten und Fleisch zusammen mit Thymian und Knoblauch in eine Kasserolle geben. Rotwein und Brühe darübergießen, sodass alles bedeckt ist (ansonsten noch etwas Wasser zugießen), und im Ofen 1 Stunde in der abgedeckten Kasserolle garen.

Wenn das Fleisch gar ist, das Fleisch und das Gemüse mit einem Schaumlöffel aus dem Topf heben und die Flüssigkeit aufkochen. Die Butter und das Mehl verkneten, dann die Mehlbutter zum Binden in die Sauce rühren. Mit Salz und Pfeffer abschmecken. Anschließend Fleisch und Gemüse wieder in die Sauce geben, gut durchwärmen und mit etwas Petersilie bestreut servieren.

MY STEW

RINDFLEISCH MIT KNÖDELN

VON HELEN GOMERSAL

für 6–8 Personen

MAN NEHME:

750 g Rinderschmorfleisch
1 große Zwiebel
250 g Karotten
250 g Kartoffeln
250 g Staudensellerie
250 g Pastinaken
250 g Mairübchen
150 g rote Linsen nach Belieben
1,5–2 l Rinderbrühe (siehe S. 41)
Oöl

Für die Knödel:
250 g Mehl
120 g gehärtetes Pflanzenfett
S

ZUBEREITUNG:

Das Rindfleisch würfeln. Die Zwiebel schälen und würfeln, das Gemüse schälen und ebenfalls würfeln.

In einer Pfanne das Olivenöl erhitzen und das Fleisch und die Zwiebel darin anbraten. Das Gemüse dazugeben und ebenfalls anbraten.

Alles in eine Kasserolle geben, falls gewünscht rote Linsen hinzugeben, so viel Brühe zugeben, dass alles bedeckt ist, und mit Deckel 1½–2 Stunden garen.

Für die Knödel das harte Pflanzenfett in das Mehl reiben, salzen und nach und nach etwas Wasser zugeben. Alles vermischen, bis ein weicher Teig entsteht. Mit bemehlten Händen den Teig zu Knödeln formen und in die Kasserolle geben. Zugedeckt weiter kochen lassen, bis die Knödel ihr Volumen verdoppelt haben.

LOHSES TRESOR

ein

bunter

Blumenstrauss

BOUILLABAISSE

für 10 Personen

MAN NEHME:

1 Knurrhahn, küchenfertig
1 kleiner St. Pierre
1 Großer Roter Drachenkopf
1 Merlan (Wittling), küchenfertig
1 kg Etrillés (Strandkrabben)
1 Zwiebel
2 Knoblauchzehen
500 g Strauchtomaten
300 g Kartoffeln
3 EL Oöl
3 l Fischbrühe oder Krustentierbrühe
(siehe S. 42 und 45)
geröstetes Brot zum Servieren
Safran
PdE
MS

ZUBEREITUNG:

Die Fische grob zerteilen. Die Zwiebel und den Knoblauch schälen, die Zwiebel in Streifen schneiden, den Knoblauch halbieren. Die Strauchtomaten halbieren und die Kerne ausdrücken, die Kartoffeln putzen und mit Schale fein würfeln.

In einem großen Topf das Olivenöl erhitzen und das Gemüse darin anschwitzen. Die Fische hinzugeben, kurz mitbraten, würzen und dann die Brühe angießen. Bei mittlerer Hitze 20—30 Minuten köcheln, dann die Fische herausheben. Alles durch die Flotte Lotte passieren und mit geröstetem Brot servieren.

VARIANTE:

1 Großer Roter Drachenkopf, küchenfertig
1 Loup de Mer (Wolfsbarsch), küchenfertig
1 Rotbarbe, küchenfertig
4 kleine Doraden (Goldbrasse), küchenfertig

ST. JACQUES NANTUA

für 4 Personen

MAN NEHME:

12 Jakobsmuscheln
1,5 kg frischen Spinat
3 Schalotten
2 Knoblauchzehen
300 g Tomatenwürfel
800 ml Sauce Mornay (siehe S. 48)
150 g Gruyère, gerieben
Butter zum Anbraten
Oöl zum Anbraten
MSS
P

DAZU PASST:

Puligny-Montrachet „Les Folatières", Trimbach Riesling, Elsass, Chardonnay „Where the Dreams have no end" vom Weingut Jermann, Friaul

ZUBEREITUNG:

Den Ofen auf 200 °C vorheizen.

Die Muscheln auslösen und putzen. Den Spinat waschen und nicht ganz trocken schütteln. Die Schalotten schälen, fein würfeln und in einer Pfanne mit viel Butter kurz bräunen. Den Knoblauch schälen und fein schneiden.

Den Spinat mit gebräunten Schalotten und Knoblauch nur leicht in Butter garen. Die Tomatenwürfel kurz mitgaren und leicht salzen und pfeffern.

Das Gemüse in eine Auflaufform füllen. Die Muscheln würzen, in heißem Olivenöl anbraten und auf dem Spinat anrichten. Mit Sauce Mornay übergießen, mit Gruyère bestreuen und im vorgeheizten Ofen etwa 10 Minuten goldbraun überbacken.

MEIN BURGUND: FLÜSSE AUS SAHNE,
SEEN AUS CRÈME FRAÎCHE, BERGE AUS BUTTER

HERZMUSCHELN
MIT THYMIAN

für 4 Personen

MAN NEHME:

½ Fenchelknolle
½ Zwiebel
2 kg Herzmuscheln
100 ml Oöl
2 Msp. getrockneter Thymian
2 EL Schnittlauchröllchen
S
P

ZUBEREITUNG:

Den Fenchel waschen, putzen und fein würfeln. Die Zwiebel schälen und ebenfalls klein schneiden. Die Muscheln putzen, geöffnete Exemplare entfernen.

In einem großen Topf die Butter erhitzen und das Gemüse darin anschwitzen. Die Muscheln hineingeben, mit Safran, Salz und Pfeffer würzen und bei geringer Hitze 10–15 Minuten kochen, bis die Muscheln sich geöffnet haben. Geschlossene Muscheln aussortieren. Mit Thymian und Schnittlauch bestreuet servieren.

ZERKLOPFTE EIER MIT RAUCHLACHSFORELLE UND ESSIGSAHNE

für 4 Personen

MAN NEHME:

12 Eier
120 g geräucherte Lachsforelle
2 Schalotten
50 ml Sherry-Essig
100 g Sahne
30 g Z
1 Bund Schnittlauch
1 EL Haselnussöl
2 EL Sonnenblumenöl
MSS
P

DAZU PASST:

Ladoix blanc, Burgund

ZUBEREITUNG:

Die Eier wachsweich pochieren (siehe S. 232) und abkühlen lassen. Die Lachsforelle in feine Streifen schneiden. Die Schalotten schälen, fein würfeln und dann die Zwiebelstücke kalt abspülen.

Die Eier auf vorgewärmten Tellern anrichten, zerschlagen und leicht würzen. Mit Forellenstreifen belegen und pfeffern.

Die Schalotten mit Essig und Sahne vermengen und mit Zucker, Salz und Pfeffer abschmecken. Den Schnittlauch in feine Röllchen schneiden und mit den Ölen zur Essigmischung geben, alles verrühren und über die Eier gießen.

Ein Schmackofatz für den fortgeschrittenen Esser.

ZERKLOPFTE EIER
MIT STOPFLEBER, SCHWARZEM TRÜFFEL UND TRÜFFELJUS

für 6 Personen

MAN NEHME:

12 Eier
200 g Gänsestopfleber
120 ml heißen Trüffeljus (siehe S. 47)
60 g schwarzen Trüffel
angebratene Zwiebelringe zum Servieren
MSS
P

ZUBEREITUNG:

Die Eier wachsweich pochieren (siehe S. 232) und noch warm auf vorgewärmten Tellern anrichten und zerschlagen. Die Gänseleber in 1 cm dicke Würfel schneiden und mit Salz und Pfeffer würzen. Die Gänseleber auf den Eiern verteilen, mit heißem Trüffeljus übergießen und den Trüffel darüberhobeln.

DAZU PASST:

Le Montrachet, Burgund

„Na denn — es lebe die Dekadenz!“

Zitat vom Erfinder der Dekadenz:
Oskar Schnitzer, Betreiber des Sylter Nachtclubs „*Pony*“

SCHINKEN-PETERSILIEN-SÜLZE

für 4 Personen

MAN NEHME:

600 Kochschinken am Stück
200 g Karotten
200 g Knollensellerie
200 g Zwiebeln
1 l Gemüsebrühe (siehe S. 37)
2 Knoblauchzehen
1 Bund glatte Petersilie
1 l Geflügelbrühe
7 Blatt Gelatine
S
P
MSS

DAZU PASST:

Dornfelder oder Ladoix rouge, Burgund

ZUBEREITUNG:

Den Schinken in 2 cm dicke Würfel schneiden. Die Karotten, den Sellerie und die Zwiebel schälen und ebenfalls würfeln. Die Gemüsebrühe aufkochen und Karotten, Sellerie und Zwiebel darin fast weich garen, dann abgießen.

Den Knoblauch schälen, fein reiben und beiseitestellen. Die Petersilie waschen, trocken schütteln und fein schneiden.

Die Geflügelbrühe erhitzen. Die Gelatine darin unter Rühren auflösen und auf lauwarme Temperatur herunterkühlen. Schinken, Gemüsewürfel, den Knoblauch und die Petersilie vermengen, mit Salz und Pfeffer abschmecken und in eine Servierschale geben. Die Schinken-Gemüse-Mischung mit der Gelatinemischung übergießen und im Kühlschrank fest werden lassen. Mit geröstetem Baguette servieren.

MEIN BURGUND: FLÜSSE AUS SAHNE,
SEEN AUS CRÈME FRAÎCHE, BERGE AUS BUTTER

RÜHREI
MIT BLUTWURST

für 4 Personen

MAN NEHME:

12 Eier
2 EL Crème fraîche
2 Blutwürste
100 g Butter
1 TL fein gehacktes Maggikraut
1 EL fein gehackte Petersilienstängel
S
P

DAZU PASST:

Beaujolais nouveau oder
jeder Spätburgunder

ZUBEREITUNG:

Die Eier verquirlen, mit der Crème fraîche verrühren und leicht salzen. Das Crème-fraîche-Ei kurz in der Pfanne zu Rührei braten und in einer vorgewärmten Auflaufform anrichten.

Die Blutwurst in mundgerechte Stücke schneiden und diese in 50 g Butter kross braten. Die Blutwurst auf dem Rührei anrichten und kleine Butterflocken darauf schmelzen lassen. Mit Kräutern bestreuen und mit Pfeffer würzen.

MUSCHELN

AUS DEM KRÄUTERSUD

für 2–3 Personen

MAN NEHME:

2 kg Miesmuscheln
1 Zwiebel
1 Knoblauchzehe
100 ml Oöl
2 EL Thymianspitzen
100 ml Weißwein
50 g Butter
1 EL fein gehackte glatte Petersilie

P

ZUBEREITUNG:

Die Muscheln putzen, offene Exemplare aussortieren. Die Zwiebel schälen und fein würfeln. Den Knoblauch schälen, halbieren und fein schneiden.

In einem großen Topf das Olivenöl erhitzen und Zwiebel und Knoblauch darin anschwitzen. Den Thymian hineingeben und kurz mitbraten, dann mit dem Weißwein ablöschen. Den Weißwein einkochen, dann Muscheln und Butter hinzugeben. Die Muscheln bei geringer Hitze 10—15 Minuten köcheln, bis sie sich geöffnet haben. Geschlossene Muscheln entfernen. Die übrigen mit der Petersilie bestreuen, mit Salz und Pfeffer würzen und in tiefen Tellern servieren.

VARIANTE:

Miesmuscheln mit Currysahne

Statt Weißwein 1 EL Currypulver und 100 ml Sahne in den Topf geben.

MEIN BURGUND: FLÜSSE AUS SAHNE,
SEEN AUS CRÈME FRAÎCHE, BERGE AUS BUTTER

SARDINEN IN OLIVENPASTE

für 1–4 Personen

MAN NEHME:

1 junge Fenchelknolle
1 Bund Schluppen
2 kleine Strauchtomaten
2 Basilikumblätter
1 Dose Sardinen in Olivenpaste
(„sardines à la tapenade" von la belle-iloise, gibt's bei Maître Philippe & Filles in Berlin)
1 EL Balsamicoessig
Rapsöl zum Braten
MSS
P
PdE

DAZU PASST:

Miraval Rosé, Jolie Pitt & Perrin

ZUBEREITUNG:

Die Fenchelknolle putzen und in leicht gesalzenem Wasser bissfest blanchieren, dann die grünen Spitzen in 2 cm große Stücke schneiden. Das Weiße anderweitig verwenden. Die Schluppen ebenfalls kurz blanchieren, längs halbieren und auf der Herdplatte anbraten, bis sie an den Rändern schwarz werden. Die Tomaten halbieren, mit Maldon Sea Salt und Pfeffer würzen und in etwas Öl auf der Herdplatte braten, bis sie zerfallen. Die Basilikumblätter grob zerschneiden.

Die Sardinen auf einem Teller anrichten (oder auf vier Teller aufteilen), alle vorbereiteten Zutaten darüber verteilen, mit Balsamicoessig beträufeln und mit Piment d'Espelette würzen.

BURGUNDERSCHNECKEN IN ESTRAGON

MAN NEHME:

100 ml Weißwein
1 Bund Estragon
100 g weiche Butter
250 ml Geflügelbrühe (siehe S. 38)
24 Schnecken
120 g Kartoffelwürfel, kross gebraten
80 g Speckwürfel, kross gebraten
S
P
MSS
ZS
Z
Oöl

für 2 Personen

ZUBEREITUNG:

Den Weißwein in einem Topf auf die Hälfte einkochen lassen.

Den Estragon waschen und trocken schütteln, einige Blätter zum Garnieren beiseitelegen, den übrigen Estragon mit der Butter im Mixer pürieren. Die Weißweinreduktion mit der Geflügelbrühe aufkochen, die Temperatur reduzieren, die Schnecken hineingeben und die Estragonbutter einrühren. Mit Maldon Sea Salt, Pfeffer und Zitronensaft abschmecken.

Die Schnecken in Tellern oder Schalen anrichten, die Karottenspalten darüber verteilen und mit Estragon garnieren. Nach Belieben mit den Kartoffel- und Speckwürfeln servieren.

DAZU PASST:

Meursault Village, Burgund

TIPP:

Dazu schmecken auch geröstete Karottenstreifen.

MEIN BURGUND: FLÜSSE AUS SAHNE,
SEEN AUS CRÈME FRAÎCHE, BERGE AUS BUTTER

SUPPE ZUM DESSERT

Süß, nicht
ganz so

SÄFTE HEISS ENTSAFTEN

MIT DAMPFENTSAFTER:

Wir entsaften mit Omas Dampfentsafter. Dazu zuerst die Früchte oder Beeren und die Kräuter waschen und putzen.
Den unteren Teil des Dampfentsafters mit Wasser füllen, den Deckel aufsetzen und aufkochen.

Den Auffangtopf daraufstellen und den Korb mit den Früchten hineinstellen. Nach Belieben und Säuregrad der Früchte Zucker und Zitronenfruchtfleisch auf die Früchte geben (oder auch anderes, siehe unten). Den Deckel schließen, die Hitze reduzieren und den Auslaufschlauch verschließen.

Die Früchte ca. 45—60 Minuten entsaften. Beginnt der Saft nach 45 Minuten zu duften, kann man versuchen, schon etwas in sterilisierte Flaschen abzufüllen. Wenn die Flaschen vorher mit kochendem Wasser sterilisiert und erwärmt wurden, ist die Gefahr geringer, dass sie bei Berührung mit der heißen Flüssigkeit platzen.

IM OFEN:

Pro 5 kg geschnittener Früchte einen Zuckersirup aus 800 g Zucker und 200 g Wasser herstellen. Früchte und Sirup in einen Bräter geben und zugedeckt bei 200 °C ca. 20 Minuten backen.

Bei dieser Methode wird nur fruchteigene Flüssigkeit extrahiert. Sie eignet sich für stark wässerndes Obst und Gemüse wie z.B. Rhabarber, Pflaumen und gefrorene Beeren.

PROBIEREN, WAGEN, SCHMECKEN.

Saft pur:

- alle roten Früchte
- Apfel
- Birne
- Mirabelle
- Pfirsich
- Pflaume
- Quitte
- Reneklode

dazu etwas Zucker, Zitronenfruchtfleisch, schwarzer Pfeffer und was das Gefühl so sagt.

Saft + X:

- Birne + Fenchel
- Birne + Schwarze Johannisbeere
- Erdbeere + Basilikum
- Granny Smith + Staudensellerie
- Himbeere + Koriander
- Pfirsich + Himbeere
- Pfirsich + Rosmarin
- Rote Bete + Granny Smith + Basilikum

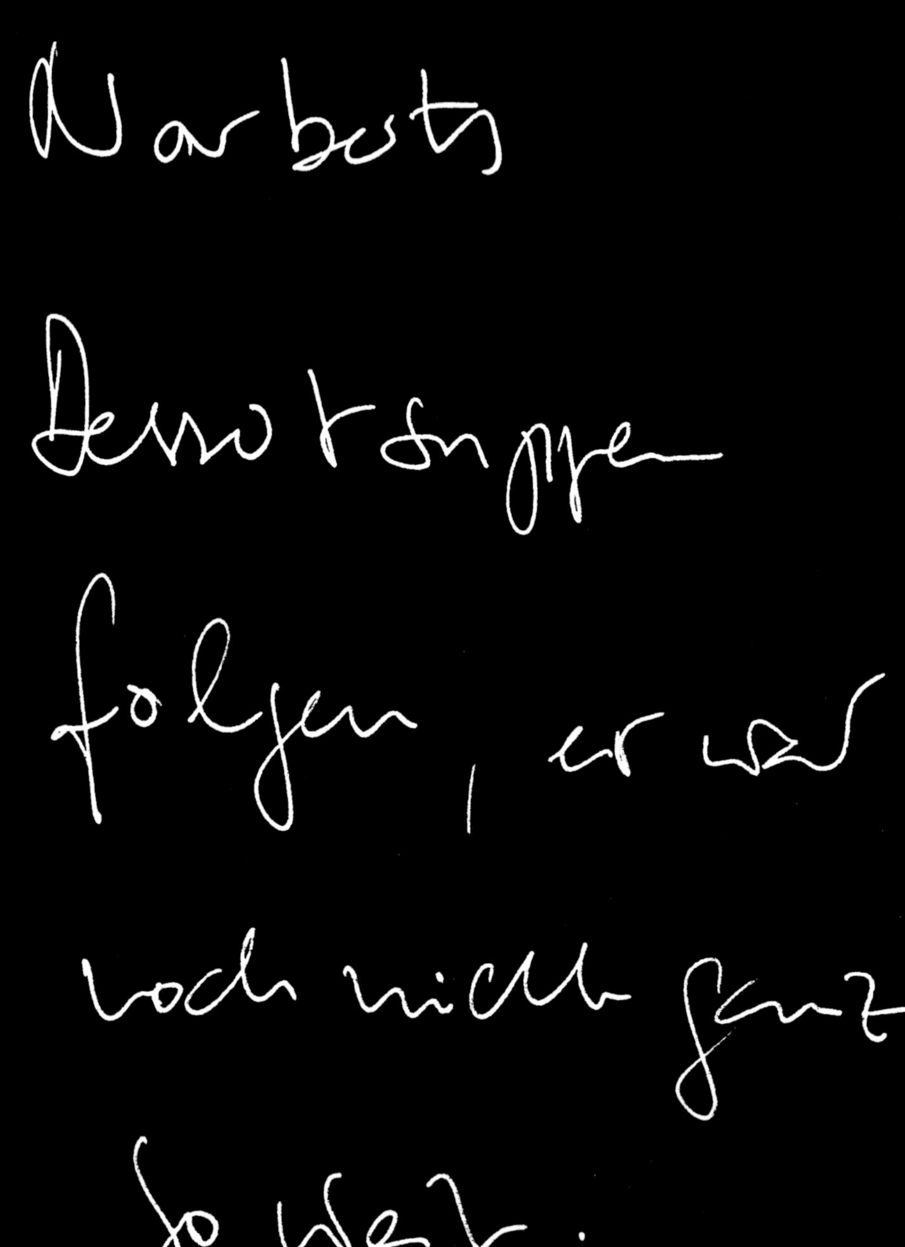
Norberts
Dessertsuppen
folgen, er war
noch nicht ganz
so weit.

APFEL-HAFER-EINTOPF

VON NORBERT KRÜGER

für 4 Personen

MAN NEHME:

3 Äpfel
2 EL Zucker
2 EL Haferflocken
¼ l Apfelsaft, dampfentsaftet
6 EL geröstete Haferflocken
1 Prise gemahlenen Zimt
2 EL BZ

Für die Whiskysauce:

200 ml Rye Whisky
200 g Z

Für das Rahmhäubchen:

200 g saure Sahne
50 g Clotted Cream
1 Tütchen Sahnesteif

ZUBEREITUNG:

Den Ofen auf 180 °C vorheizen. Die Äpfel schälen, in Stücke schneiden und in einen ofenfesten Topf geben. Mit Zucker und Haferflocken bestreuen, umrühren und kurz ziehen lassen. Roh-Rohrzucker, Apfelsaft, geröstete Haferflocken und Zimt hinzugeben und im Ofen backen, bis der Hafer im Saft quillt.

In einem Topf 50 ml Whisky mit dem Zucker köcheln, bis sich der Zucker aufgelöst hat. Den übrigen Whisky dazugießen, umrühren und abkühlen lassen.

In einer Rührschüssel die saure Sahne mit Clotted Cream und Sahnesteif aufschlagen. Den Apfeltopf aus dem Ofen holen, Nocken vom Rahm abstechen und auf den Äpfeln verteilen, dann die Whiskysauce darüberträufeln. Den Topf in die Tischmitte stellen und gemeinsam daraus löffeln.

BRITISCHE KEKSSUPPE

VON NORBERT KRÜGER

für 4 Personen

MAN NEHME:

Für den Teesirup:

300 g Zucker
1 Beutel English-Breakfast-Tea
ZS

Für die Kekssuppe:

500 ml Milch (die beste und reinste, die man bekommen kann)
ca. 300 g Shortbread
Scotch
Ingwerpulver, Galgant, Vanille und Zitronenabrieb zum Abschmecken
ZS

ZUBEREITUNG:

In einem Topf den Zucker mit 300 ml Wasser aufkochen und etwas einkochen lassen. Einen Spritzer Zitronensaft in den Sirup rühren und den English-Breakfast-Tea darin ziehen lassen.

Die Milch mit den Keksen im Standmixer zu einer glatten Suppe pürieren. Die Suppe mit Scotch und Zitronensaft abschmecken, oder auch mit anderen Gewürzen, die man mit Keksen und Milch in Verbindung bringt, z.B. Ingwerpulver, Galgant, Vanille oder Zitronenabrieb. Vor dem Servieren kurz mit dem Stabmixer aufschlagen.

Die Kekssuppe lauwarm oder kalt in kleine tiefe Schalen oder Gläser verteilen und mit dem Teesirup servieren.

TRAUBENMELANGE
MIT KAMILLENSTREUSELN
VON NORBERT KRÜGER

für 4 Personen

MAN NEHME:

Für die Streusel:
100 g kalte Butter
100 g Z
200 g Mehl
1 Päckchen Vanillezucker
5 g getrocknete Kamillenblüten, sehr fein zerpflückt

Für die Traubenmelange:
150 g Eiweiß
225 g Z
100 ml frischen Saft von grünen Äpfeln, sofort mit 1 EL Zitronensaft vermischt
400 ml hellen Traubensaft
ZS

Zum Servieren:
½ grünen Apfel
eine Handvoll helle Trauben
Z

ZUBEREITUNG:

Den Ofen auf 180 °C vorheizen. Für die Streusel alle Zutaten in eine Rührschüssel geben und zwischen den Fingern zu Krümeln verreiben. Auf einem mit Backpapier ausgelegten Backblech verteilen und etwa 15 Minuten hellbraun backen.

Das Eiweiß und den Zucker in eine saubere Metallschüssel geben und im Wasserbad unter Rühren erhitzen, bis es leicht am Finger sticht, wenn man ihn in die Masse taucht. Aus dem Wasserbad nehmen und mit dem Handmixer weiterschlagen, bis die Masse abgekühlt und fest ist.

Den Apfel- und den Traubensaft in eine hohe Schüssel gießen und 200 g von der Eiweißmasse zum Binden mit dem Schneebesen äußerst vorsichtig unterziehen. Mit Zitronensaft abschmecken. Die übrige Masse in kleinen Häufchen auf ein Backblech setzen und bei 90 °C im Ofen trocknen lassen. Ein klasse Teegebäck oder mit Himbeeren und gesüßter Mascarpone und Vanille ein Träumelein

Den halben Apfel waschen, in feine Spalten schneiden und in Zucker wälzen. Die Weintrauben waschen und halbieren . Die Traubenmelange in kleine Schalen oder Gläser geben, die Streusel darüber verteilen und mit Weintrauben und Apfelspalten servieren.

GELBE BETE + APFEL

MIT BUCHZWEIZENKLÖSSCHEN

VON NORBERT KRÜGER

für 4 Personen

MAN NEHME:

Für die Suppe:

3 Äpfel, z.B. Boskop, mit Schale
1 Gelbe Bete
Saft von ½ Zitrone
Zuckergemisch aus 1 Teil hellem Roh-Rohrzucker und 4 Teilen **Z**
50 g Butter
50 g Buchweizenmehl

Für die Klößchen:

200 g Buchweizengrütze
250 ml Milch
1 EL gemahlene Haselnüsse
60 g **Z**
1 Prise Zimt
150 g Quark
2 Eier
1 Eigelb
3 EL Weizenvollkornmehl

ZUBEREITUNG:

Die Butter mit dem Buchweizenmehl verkneten, zu einer Rolle formen und in Frischhaltefolie wickeln. Im Kühlschrank aufbewahren und bei Bedarf davon immer etwas abschneiden. Die Äpfel und die Gelbe Bete dampfentsaften, den Zitronensaft dazugeben und mit dem Zuckergemisch abschmecken. Die Mehlbutter in kleine Stücke schneiden, in den kochenden Saft rühren und zur gewünschten Konsistenz binden.

Die Buchweizengrütze mit 400 ml Wasser quellen lassen, bis fast alle Flüssigkeit aufgesogen ist. Abtropfen lassen.

Alle Zutaten zu einem festen Teig verkneten. In einem großen Topf reichlich Wasser erhitzen. Mit zwei Teelöffeln kleine Nocken aus dem Teig stechen und im heißen Wasser pochieren, bis sie aufschwimmen. Herausnehmen, auf einen Teller legen, mit Zucker bestreuen und mit dem Küchenbrenner karamellisieren.

Die Suppe lauwarm mit den Klößchen servieren.

Norbert Krüger, C.L., Maître Philippe

BROTTRUNK SUPPE
MIT SAUERTEIGCREME
VON NORBERT KRÜGER

für 4 Personen

MAN NEHME:

Für die Brottrunksuppe:
2 gelbe Äpfel
140 g Eigelb (von ca. 7 Eiern Größe M)
120 g Z
30 ml Lakritzsirup
600 ml Brottrunk
400 g Sahne
100 ml Rapsöl

Für die Sauerteigcreme:
1 Laib Sauerteigbrot, mindestens Bio-Bäcker-Qualität
Schmand zum Abschmecken
BZ zum Abschmecken

Zum Servieren:
gezuckerte Erdbeeren

ZUBEREITUNG:

Die Äpfel waschen, entkernen und fein würfeln. Das Eigelb mit Zucker und Lakritzsirup in einer Schüssel glatt rühren und so lange abgedeckt stehen lassen, bis die Masse Zimmertemperatur hat.

Den Brottrunk mit der Sahne und den Äpfeln in einem Topf aufkochen, 5 Minuten köcheln, den Herd abschalten und die Masse ziehen lassen. Wenn sie etwas abgekühlt ist, durch ein Sieb passieren und noch einmal aufkochen. Die kochend heiße Masse auf einmal unter ständigem Rühren in die Eimasse gießen und auf einem Eisbad herunterkühlen. Das Rapsöl mit dem Stabmixer einmixen.

Das Sauerteigbrot entrinden und die Kruste als Dank in Form von Vogelfutter zurück in den ewigen Kreislauf der spendierfreudigen Natur geben oder trocknen lassen, zermahlen und im nächsten Sauerteigbrot verbacken, wobei auch hier der Kreis sich schließt. Das restliche Brot wiegen und in einer großen Schüssel in der doppelten Menge heißem Wasser einweichen. Mit Schmand und braunem Zucker abschmecken und mit dem Handmixer aufschlagen.

Die Brottrunksuppe auf tiefe Teller verteilen, jeweils einen Klecks Sauerteigcreme in die Mitte setzen und mit den Erdbeeren servieren.

WEISSBIER-SUPPE

VON NORBERT KRÜGER

für 4 Personen

MAN NEHME:

½ Flasche Weißbier
½ l Milch
130 g Z
50 g eingeweichte Rosinen
4 EL Hartweizengrieß
Waldmeistersirup
abgeriebene Schale von 1 Bio-Zitrone
30 g Butter
2 Scheiben Toastbrot

ZUBEREITUNG:

Das Weißbier mit der Milch, 100 g Zucker und den Rosinen aufkochen. Den Grieß einrieseln lassen und die Suppe damit unter Rühren binden. Die Suppe mit Waldmeistersirup und Zitronenschale abschmecken.

Den Ofen auf 160 °C vorheizen.
Die Butter in einem Topf zerlassen und den übrigen Zucker in einen tiefen Teller geben. Das Toastbrot entrinden, in kleine Croûtons schneiden und diese in der Butter tränken. Den Zucker in einen Teller geben und die getränkten Croûtons darin wälzen. Die Croûtons auf einem mit Backpapier ausgelegten Blech verteilen und im Ofen goldbraun karamellisieren lassen. Abkühlen lassen.

Die Weißbiersuppe auf tiefe Teller verteilen und mit den Croûtons servieren.

SARDISCHER WILDBIRNEN-GRAUPEN-EINTOPF

VON NORBERT KRÜGER

für 4 Personen

MAN NEHME:

Für den Kristall-Thymian:
Thymianspitzen – die oberen Triebe des blühenden Thymians abschneiden
Puderzucker

Für den Eintopf:
500 g überreife Wildbirnen
1 l Birnensaft (dampfentsaftet)
100 ml frisch gepressten Zitronensaft
50 blanchierte ganze Mandeln, trocken geröstet
150 g Graupen
Schale von ½ Bio-Zitrone
1 TL Honig
1 Schuss Sambuca
ZS
Z

Zum Servieren:
geriebener Pecorino Dolce

ZUBEREITUNG:

Den Ofen auf 70 °C vorheizen. Etwas Puderzucker auf einen Teller sieben. Die Thymianspitzen fein mit Wasser besprühen und im Puderzucker wälzen. Auf ein mit Backpapier belegtes Backblech verteilen und im Ofen kristallisieren lassen.

Die Birnen schälen und von unten den Strunk herausschneiden. Den Birnensaft mit allen übrigen Zutaten und den ganzen Birnen in einen großen Topf geben, aufkochen und zugedeckt köcheln, bis die Graupen die Masse gebunden haben. Falls die Birnen schon früher gar sein sollten, herausheben und beiseitestellen. Die Suppe mit Zitronensaft und Zucker abschmecken und mit Birnen, Thymian und Pecorino Dolce servieren.

KIRSCHE PORTWEIN VANILLE SATT

für 4 Personen

VON JEAN-PIERRE BILLOUX

MAN NEHME:

↘

2 kg Beerenmix (TK)
5 Vanillestangen
1,5 kg Z
1,5 l trockenen Portwein
2 Bio-Orangen
3 kg frische Sauerkirschen mit Stiel
30 g Speisestärke

ZUBEREITUNG:

↘

Den Ofen auf 200 °C vorheizen. Die gefrorenen Beeren in einen großen ofenfesten Topf mit Deckel geben.

Die Vanillestangen halbieren und auskratzen. Mark und Schoten mit dem Zucker und dem Portwein in einen Topf geben, aufkochen und sofort über die gefrorenen Beeren gießen. Die Orangen schälen, in Stücke schneiden und dazugeben. Den großen Topf mit aufgelegtem Deckel in den Ofen schieben und das Obst 15 Minuten garen.

Danach die Mischung durch ein Sieb direkt in einen sauberen Topf streichen und die Mischung nochmals aufkochen. Die Stärke mit etwas Wasser glatt rühren, in die Fruchtsauce gießen und rühren, bis die Mischung andickt. Jetzt die Kirschen dazugeben, kurz weiterkochen und ziehen lassen. Voilà. Auf kleine Schüsselchen verteilen.

Wer mag, kann auch noch leckeren Schokoladenkuchen in Stücke brechen und auf den lauwarmen Kirschen verteilen. Und ab die Fahrt!

TIPP:

↘

Nicht ganz so attraktiv, aber praktischer zum Essen: Die Sauerkirschen putzen und entsteinen.

ORANGEN+ PFLAUMEN

VON NORBERT KRÜGER

für 8–10 Personen

MAN NEHME:

2 Nelken
5 Sternanis
10 Kumquats
½ l trockenen Weißwein (vorzugsweise Sauvignon blanc)
½ l trockenen roten Portwein (z.B. Tawny Port)
1 kg Z
100 g rote Johannisbeeren
4 Bio-Zitronenscheiben ohne Kerne
4 Bio-Orangenscheiben ohne Kerne
2–3 kg gemischte reife Pflaumen mit Stein
(Mirabellen, Löhrpflaumen, Zwetschgen, Stanley-Pflaumen o.ä.)

ZUBEREITUNG:

Nelken und Sternanis in einer Pfanne ohne Öl trocken rösten, bis sie duften. Die Kumquats mit kochendem Wasser überbrühen, kurz stehen lassen, dann abgießen, die Früchte quer halbieren.

Wein und Port mit 2 l Wasser, Zucker und Gewürzen aufkochen. Dann sämtliche Früchte hineingeben, alles aufkochen lassen und 5 Minuten ganz ganz leicht köcheln. Über Nacht ziehen und abkühlen lassen.

Der Eintopf kann kalt oder warm serviert werden. Falls er warm serviert wird, empfehlen wir, ihn mit 30 g angerührter Stärke zu binden.

TIPP:

Praktischer zum Essen sind Pflaumen, die halbiert und entsteint sind.

BIRNEN-ZIMT-TOPF

VON NORBERT KRÜGER

für 15 Personen

MAN NEHME:

15 kleine, feste Birnen
1 l Weißwein
1,4 kg Z
6 Zimtstangen
10 schwarze Pfefferkörner
3 Zitronen

ZUBEREITUNG:

Die Birnen schälen, die Schale aufheben. Den Weißwein mit 2 l Wasser, 1 kg Zucker und den Birnenschalen aufkochen. Den Herd ausschalten und die Mischung 30 Minuten ziehen lassen.

In einem weiteren Topf 400 g Zucker mit Zimtstangen und Pfeffer unter Rühren karamellisieren, bis der Karamell raucht und feine Blasen wirft. Den Weißweinsud durch ein Sieb auf den Karamell gießen, verrühren und einmal aufkochen. Die Birnen dazugeben, nochmals aufkochen und die Birnen darin gar ziehen lassen. Jeweils eine Birne mit etwas Sud in einem tiefen Teller servieren.

NUDELN
IN GEZUCKERTER TOMATENSAUCE
FÜR SÜSSMÄULER, SEHR PERVERS

für 4 Personen

MAN NEHME:

250 g Spaghetti
300 g Tomatensauce (siehe S. 57)
50 g Z
300 g Ketchup

ZUBEREITUNG:

Die Nudeln in reichlich Salzwasser sehr weich kochen, also etwa 20 Minuten.

Die Tomatensauce in einem Topf erhitzen und den Zucker darin unter Rühren auflösen. Nudeln und Ketchup in die Tomatensauce geben und alles vermengen, sofort servieren.

Schmeckt auch kalt ganz lecker – nach einer durchzechten Nacht. Sollte man Geschwister oder trinkfreudige Eltern haben: Vorteilhaft ist eine abschließbare Minibar.

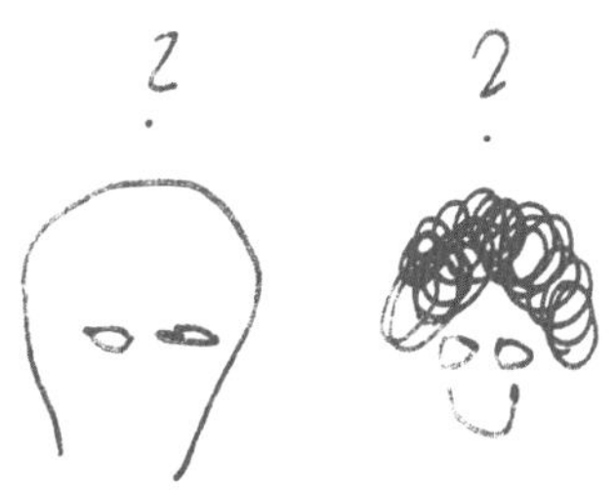

FÜR KLEINKINDER

MILCHSUPPE
MIT ÖHRCHENNUDELN
VON NORBERT KRÜGER

für 4 Personen

MAN NEHME:

1 l Milch
150 g Z
1 Vanilleschote
2 Eigelb
250 g Öhrchennudeln (Orecchiette)
1 EL Speisestärke
Nussbutter nach Belieben

ZUBEREITUNG:

Die Vanilleschote aufschlitzen, das Mark auskratzen und beiseitestellen. Die Milch mit 100 g Zucker und der Vanilleschote aufkochen. Den Herd ausschalten und die Vanillemilch 1 Stunde ziehen lassen. Danach die Vanilleschote entsorgen.

Das Eigelb mit dem übrigen Zucker und dem Vanillemark glatt rühren und auf Zimmertemperatur erwärmen lassen. In der Zwischenzeit die Öhrchennudeln nach Packungsanweisung gar kochen.

Die Speisestärke in etwas Vanillemilch glatt rühren. Die übrige Vanillemilch aufkochen und die Stärkepaste einrühren. Die Öhrchennudeln unterheben, auf kleine tiefe Teller oder Schalen verteilen, mit der Eigelb-Vanille-Mischung begießen und servieren. Wer möchte, bereichert dieses herrliche Gericht durch das Beträufeln mit einer Nussbutter.

HIER WIRSTE MEHR

MILCHBRÖTCHEN + RÜBENSIRUP

VON NORBERT KRÜGER

für 6–8 Personen

MAN NEHME:

1 Vanillestange
2 l Demeter-Vollmilch
200 g **Z**
1 TL abgeriebene Bio-Zitronenschale
1 Prise **S**
500 g echte Milchbrötchen vom Bäcker des Vertrauens
Zuckerrübensirup

ZUBEREITUNG:

Die Vanillestange längs aufschlitzen und auskratzen. Milch, Zucker, Vanillemark und -stange sowie Zitronenabrieb und Salz kräftig aufkochen, dann 10 Minuten mit Deckel ziehen lassen.

Die Brötchen in mundgerechte Stücke zerrupfen und in eine Schüssel geben. Die noch heiße Milch duch ein Sieb über die Brötchen gießen. Sobald diese sich vollgesogen haben, mit Rübensirup servieren und schmecken lassen.

RHABABASAGO
MIT SÜSSEM EIERSTICH
VON NORBERT KRÜGER

MAN NEHME:

Für das Rhabarbersago:
1,5 kg Rhabarber
400 g Z
100 g Erdbeeren nach Belieben
angewelkten Waldmeister nach Belieben
30 g Sago

Für den süßen Eierstich:
400 ml Milch
100 g Sahne
½ Vanillestange
100 g Eigelb
30 g Vollei (oder 1 sehr kleines Ei)
75 g Z

ZUBEREITUNG:

Den Ofen auf 200 °C vorheizen. Den Rhabarber waschen, putzen und die Stangen in Stücke schneiden. Mit dem Zucker in einen Bräter geben. Nach Belieben einige Erdbeeren oder, falls vorhanden, einige Stängel Waldmeister (ohne Blüten!) dazugeben. Zugedeckt im Ofen 20 Minuten backen.

Den Rhabarber, wenn er gut Saft gezogen hat, durch ein Sieb passieren. Den Saft auffangen. Ein halbes Glas voll Saft abnehmen und beiseitestellen.

Vom übrigen Saft 750 ml abmessen und mit 30 g Sago aufkochen. Köcheln lassen, bis das Sago durchsichtig ist. Den gebundenen Saft abkühlen lassen und gegebenenfalls wieder etwas dünnen Saft unterziehen, wenn die Masse zu fest wird.

Die Backofentemperatur auf 120 °C reduzieren. Eine Auflaufform oder eine Kokotte mit Backpapier auslegen und in ein Wasserbad stellen. Das Ganze in den Ofen stellen und erwärmen lassen.

Milch und Sahne in einem Topf aufkochen, die Vanillestange aufschlitzen und hineingeben, den Herd ausschalten und 10 Minuten ziehen lassen.

In einer Schüssel Eigelb, Vollei und Zucker mit dem Schneebesen gut verrühren, damit sich der Zucker auflöst. Die Vanilleschote entfernen und die warme Milch in die Eimischung gießen, kurz warten, dann den entstandenen Schaum abschöpfen. Die Auflaufform aus dem Ofen nehmen und die Ei-Milch-Mischung hineingießen, sodass sie etwa 3 cm hoch steht. Die Form mit Alufolie oder einem Deckel abdecken und die Mischung im Ofen 1–1½ Stunden stocken lassen. Danach aus dem Ofen nehmen und abkühlen lassen, zum vollständigen Abkühlen in den Kühlschrank stellen.

Den Eierstich mithilfe des Backpapiers aus der Form heben und in Würfel schneiden. Das Rhababasago auf kleine tiefe Teller verteilen und den Eierstich als Einlage hineingeben.

PFIRSICHEINTOPF
MIT OLOROSO-SHERRY UND STERNANIS
VON NORBERT KRÜGER

MAN NEHME:

40 g Sternanis
20 reife, aber feste Pfirsiche
1 l trockenen Oloroso-Sherry
¼ l Passionsfruchtsaft
1,2 kg Demerara-Zucker
ZS nach Belieben

ZUBEREITUNG:

Den Sternanis in einer Pfanne ohne Öl trocken rösten, bis er duftet. Die Pfirsiche kurz blanchieren, kalt abspülen und die Haut abziehen.

Sherry, Saft, Zucker und Anis mit 1,75 l Wasser in einem großen Topf aufkochen. Die Pfirsiche dazugeben, nochmals aufkochen und immer unter dem Siedepunkt 20 Minuten gar ziehen lassen. Den Sud abkühlen lassen, die Pfirsiche auf die Teller verteilen und mit etwas Sud übergießen.

Der Sud kann nach Belieben noch mit Zitronensaft abgeschmeckt werden. Es empfiehlt sich, das Gericht kalt zu essen. Dazu passt hervorragend warme, süße Brioche, in etwas feinstes Olivenöl getunkt.

NORBERT „LE GRAND“ KRÜGER

Unser Chefpatissier und für alle, die es noch nicht begriffen haben: einer der besten seiner Zunft. Lohse und Krüger haben Desserts entwickelt, die den Hauptgang weiterführen — weniger Zucker, mehr Geschmack. Der letzte Eindruck …

RUSSISCHE MELONSKI

MAN NEHME:

↓

1 WASSERMELONE
1 FLASCHE WODKA

ZUBEREITUNG:

↓

In die Wassermelone ein Loch vom Umfang des Flaschenhalses schneiden. Dabei so tief schneiden, dass der Flaschenhals darin gut Halt findet. Die offene Wodkaflasche in die Öffnung stecken, sodass der Wodka in die Melone fließen kann. Den Stand der Wassermelone stabilisieren und die Melone 2 Tage stehen lassen. Die Flasche entfernen und die Wassermelone zum Servieren in Spalten schneiden.

SMIRNOFF

BESOFFENER SCHWARZBROTEINTOPF MIT... HICKS...

VON NORBERT KRÜGER

für 6–8 Personen

MAN NEHME:

2 Sternanis
500 ml Vollmilch
25 g BZ
50 g Zuckerrübensirup
200 g Schwarzbrotscheiben
(am besten Sauerteigschwarzbrot)
250 g Ziegenfrischkäse
100–500 ml besten Eierlikör
50 g Vollmilchschokolade
Zimt zum Bestäuben
6–8 halbe Eierschalen, gründlich gereinigt, zum Servieren

ZUBEREITUNG:

Den Sternanis in einer Pfanne ohne Öl trocken rösten, bis er duftet.

Milch, Zucker, Anis und Rübensirup aufkochen. Das Brot in kleine Quadrate schneiden und in der leicht abgekühlten Milch ziehen lassen.

Das Brot nass herausholen und lustvoll in einer großen Kocotte verteilen, den Boden dabei nicht ganz bedecken. Die süße Milch in einen Topf abgießen und für die Zubereitung einer weißen oder Vollmilchschokolade verwenden (auch hier gehört der ...HICKS... dazu, also Eierlikör nicht vergessen). Zwischen das Brot in der Kocotte Kleckse von Ziegenfrischkäse verteilen, sowie einige halbe Eierschalen.

Den Eierlikör in die Eierschalen gießen und sowieso großzügig über alles weitere verteilen. Das Ganze mit geriebener Schokolade und einigen Schokoladenstücken verzieren. Mit Zimt bestäubt servieren. Prost!

PUDDING HAUPTSTADT

VON CHRISTIAN LOHSE

ZUBEREITUNG:

↓

Dr. Oetker Original Wackelpudding auf eine tiefe Servierplatte stürzen, zerkloppen und mit eiskalter Milch übergießen.

ORANGENEINTOPF

VON NORBERT KRÜGER

MAN NEHME:

8 Bio-Orangen
200 g BZ
50 ml hochwertigen hellen Essig
½ TL Fenchelsaat

20 Kumquats
90 g BZ
30 g Z

ca. 400 ml Orangensaft, frisch gepresst
1 EL Stärke
1 Ingwerknolle, so groß wie ein Mittelfinger
2 Zitronengrasstängel
1 Lorbeerblatt
1 Vanillestange
2 EL Grand Marnier
ZS

Für die Schmalzkekse:
150 g Mehl, Type 550
100 g fein gemahlene Mandeln
150 g Puderzucker
1 Prise Zimt
ZS von ½ Zitrone
Schale von 1 Bio-Zitrone
40 g Entenschmalz

für 6–8 Personen

VORBEREITUNG:

3 TAGE VORHER

Von einer Orange die Schale mit dem Zestenreißer abziehen. Mit dem Messer drei Orangen schälen, dabei das Weiße dranlassen. Mit einem sehr scharfen Apfelentkerner mehrere Zylinder aus der Schale ausstechen, den Saft der Orangen auspressen und auffangen. In einem großen Topf Wasser aufkochen und die Orangenzylinder darin je drei Mal für 10 Sekunden kochen.

In einem zweiten Topf 150 ml Wasser mit dem braunen Zucker, Essig und Fenchelsaat aufkochen. Die Orangenzylinder hineinlegen, nochmals aufkochen und über Nacht stehen lassen.

2 TAGE VORHER

Zu den Orangen 50 g Zucker geben, nochmals aufkochen und wieder stehen lassen.

1 TAG VORHER

In einem kleinen Topf Wasser aufkochen und Eiswasser bereitstellen. Die aufgehobenen Orangenzesten im kochenden Wasser 10 Sekunden blanchieren und dann im Eiswasser abschrecken. Die Kumquats waschen, trocken reiben, längs halbieren und ggf. entkernen. Mit der Orangenschale, dem braunen und dem weißen Zucker in einen kleinen Topf geben und über Nacht marinieren.

ZUBEREITUNG:

Den Ofen auf 190 °C vorheizen. Die noch übrigen fünf Orangen filetieren, dabei den Saft auffangen. Die Orangen abdecken und bis zum Servieren beiseitestellen. Den Saft in einen Messbecher geben und mit dem frisch gepresstem Orangensaft auf 500 ml auffüllen.

Den Saft mit der Stärke verrühren. Ingwer und Zitronengras längs halbieren und mit dem Lorbeerblatt und der Vanillestange mit Küchengarn zu einem Päckchen binden. Die Kumquats in einen ofenfesten Topf geben, dessen Boden sie gerade so bedecken, und im Ofen backen, bis sie hellbraun karamellisiert sind.

Einen Schuss Grand Marnier dazugeben und das Ingwer-Zitronengras-Bündel hineinlegen und im Ofen den Alkohol verkochen lassen. Nun den Orangensaft mit Stärke und die Orangenstückchen dazugeben und so lange im Ofen backen, bis die Stärke andickt. Den Topf aus dem Ofen nehmen, die Orangenfilets dazugeben, etwas Zitronensaft darüberträufeln und mit Schmalzkeksen servieren.

SCHMALZKEKSE:

Den Ofen auf 170 °C vorheizen und ein Backblech mit Backpapier auslegen. Das Mehl in einer Pfanne ohne Fett kurz anrösten, dann mit den anderen Zutaten zu einem Mürbeteig verkneten. Kleine runde Kekse formen, auf das Backblech legen und 10 Minuten backen.

MELONEN KALTSCHALE

VON JEAN-PIERRE BILLOUX

MAN NEHME:

für 4 Personen

Für die Joghurteiswürfel:
250 g Joghurt (10 % Fett)
50 g **BZ**
ZS

Für die Melonensuppe:
4 Cantaloupe-Melonen, gut gekühlt, vom Melonenvertrieb Philibon und nix anderes! Du wirst schon merken, warum. Keine Derivate, Kopien und anderer Müll erlaubt.
Himbeeren zum Servieren
ZS

VORBEREITUNG:

Am Vortag den Zucker mit Orangenschale und Orangensaft kurz sprudelnd aufkochen. Die Hälfte der Himbeeren pürieren, mit den übrigen Himbeeren zum Sirup geben und verrühren. Ebenfalls am Vortag den Joghurt mit dem braunen Zucker vermischen und mit Zitronensaft abschmecken. Den Joghurt in Eiswürfelformen füllen und einfrieren.

ZUBEREITUNG:

Die eiskalten Melonen waschen, im Sternschnitt halbieren, Kerne entfernen und das Fruchtfleisch herausschaben. Schnell fein pürieren und mit Zitronensaft abschmecken. Reichlich Crushed Ice in eine Schüssel füllen und die ausgehohlten Melonenhälften hineinstellen. Die Melonensuppe in die Melonenhälften füllen, einige Joghurteiswürfel hineingeben und mit Himbeeren servieren. Nach Belieben mit etwas fein geschnittenem Koriander bestreuen.

VARIATIONEN:

Melonensuppe + Salat:
Kleine Zupfsalate mit Melonensuppe, fein geschnittenem Koriander und Korianderblüten vermengen.

Melonensuppe + Hummer:
2 große lebende Hummer halbieren und mit Olivenöl und Fleur de Sel auf Holzkohle einige Minuten glasig grillen. Mit Piment d'Espelette bestreuen und mit der Melonensuppe servieren.

WASSERMELONENSUPPE

VON NORBERT KRÜGER

für 4 Personen

MAN NEHME:

1 kernarme oder kernlose Wassermelone
1 vollreifer Pfirsich
50 g Honig
50 g Z
ZS und Abrieb von 1 Bio-Zitrone
1 Bund Basilikum

ZUBEREITUNG:

Die Wassermelone halbieren und aus der einen Hälfte mit einem Melonenausstecher kleine Kugeln formen. Beiseitestellen. Den Pfirsich entsteinen.

Aus der anderen Hälfte das Fruchtfleisch herausschaben und mit Honig, Zucker, Zitronensaft und etwas Zitronenabrieb sowie dem Pfirsich im Mixer purieren. Das Basilikum sehr heiß abspülen, trocken schütteln, in die Fruchtmasse geben und einige Stunden darin ziehen lassen.

Die Masse durch ein Sieb oder mit der Flotten Lotte passieren und mit Zucker und Zitronensaft abschmecken. Die Melonenmasse im Gefrierfach eiskalt kühlen, aber nicht gefrieren lassen. Auf kleine Schalen oder Glaser verteilen und mit den Melonenperlen servieren.

GRAPEFRUIT GRÜTZE

VON NORBERT KRÜGER

MAN NEHME:

20 Grapefruits, davon 2 Bio-Grapefruits
Puderzucker
80 g Weizengrütze (Bulgur)
Ahornsirup, zum Beträufeln
Zwiebackbrösel zum Servieren

ZUBEREITUNG:

Von den beiden Bio-Grapefruits die Schale abreiben. Aus diesen beiden und 8 weiteren Grapefruits den Saft auspressen. Den Saft abdecken und bis zur Verwendung kühl stellen.

Die verbliebenen 10 Grapefruits filetieren, den dabei austretenden Saft auffangen. Die Filets abwiegen und mit der gleichen Menge Puderzucker sowie der Grapefruitschale mehrere Stunden oder am besten über Nacht marinieren.

Am nächsten Tag den entstandenen Zuckersirup abseien und den gekühlten Grapefruitsaft damit süßen — nur so viel, wie nötig.

Die Weizengrütze mit 1 Liter der süßen Grapefruitflüssigkeit aufkochen und 15 Minuten bei geringer Hitze garen. Die Grütze in Schalen oder Gläser füllen und abkühlen lassen. Zum Servieren mit den Grapefruitfilets belegen, mit Ahornsirup beträufeln und etwas Zwieback darüberstreuen.

GELIERTE QUITTE
MIT CURRYKARAMELL UND WACKELPUDDING
VON NORBERT KRÜGER

für 4 Personen

MAN NEHME:

↘

Für den Wackelpudding:
500 g Sahne
50–70 ml Mandelmilch
4 Blatt Gelatine

Für das Quittengelee:
1 kg Quitten
300 g Z
2 EL ZS, zzgl. ZS zum Abschmecken
2 Blatt Gelatine pro 0,5 l Quittensaft

Für den Karamell:
200 g Z
50 ml ZS
½ TL fruchtiges Currypulver (z.B. Anapurna)

VORBEREITUNG:

↘

Die Gelatine in kaltem Wasser 10 Minuten einweichen. In einem Topf 200 g Sahne erhitzen, dann die Gelatine ausdrücken und in der warmen Sahne unter Rühren auflösen. Die übrige Sahne einrühren und die Mandelmilch zugießen. Die Mischung in vier Puddingförmchen füllen, etwas abkühlen lassen, dann im Kühlschrank 1 Tag vollständig erkalten und fest werden lassen.

Die Quitten putzen, würfeln, mit dem Zucker marinieren und mit dem Dampfentsafter nach Herstellerangaben entsaften. Das ergibt ca. 500 ml Saft. Die Gelatine im Eiswasser gründlich einweichen, ausdrücken und pro 500 ml Saft 2 Gelatineblätter im heißen Saft verrühren und auflösen. Den gelierten Saft über Nacht komplett auskühlen lassen.

ZUBEREITUNG:

↘

Den Quittensaft glatt rühren und mit Zitronensaft abschmecken. In einem Topf 200 ml Wasser erhitzen. In einem zweiten Topf 50 ml Wasser mit dem Zucker dunkelbraun einkochen. Mit dem heißen Wasser ablöschen und mit einem Holzlöffel rühren, dabei über den Topfboden schaben, sodass der Karamell sich vom Boden löst. Den Zitronensaft und das Currypulver in den Karamellsirup rühren, den Sirup in eine Schüssel umgießen und abgedeckt im Kühlschrank abkühlen lassen. Vor der Verwendung ca. 1 Stunde bei Raumtemperatur erwärmen und in Würfel schneiden.

Den Wackelpudding in einen tiefen Teller stürzen, das flüssige Quittengelee angießen und den Karamell über den Wackelheini laufen lassen.

KOKOS-EARL-GREY-CAPPUCCINO

VON NORBERT KRÜGER

für 4 Personen

MAN NEHME:

800 ml Kokosmilch
Palmzucker
Saft und Schale von 1 Bio-Limette
150 ml Milch
1 Beutel grüner Earl-Grey-Tee

ZUBEREITUNG:

Die Kokosmilch im Standmixer oder Smoothie-Maker aufschlagen und nach Belieben mit Palmzucker, Limettensaft und -schale abschmecken.

Die Milch bis kurz vor dem Siedepunkt erwärmen und den Earl-Grey-Tee darin 3 Minuten ziehen lassen. Den Teebeutel entfernen und die etwas abgekühlte Milch aufschäumen.

Die Kokosmilch auf Latte-Macchiato-Gläser verteilen und mit Milchschaumhäubchen servieren.

BIRNE-BASILIKUM-CAPPUCCINO

VON NORBERT KRÜGER

für 4 Personen

MAN NEHME:

800 ml Birnensaft
Saft von 1 Zitrone
1 Prise Zimt
1 Handvoll Basilikumblätter
150 ml Milch
Ahornsirup
Z

ZUBEREITUNG:

Den Birnensaft mit Zitronensaft, Zimt und Basilikum pürieren, passieren und mit Zucker abschmecken.

Die Milch nach Belieben mit dem Ahornsirup süßen, leicht erwärmen (nicht kochen!) und aufschäumen.

Den Birnensaft auf Gläser verteilen und mit Milchschaumhäubchen servieren.

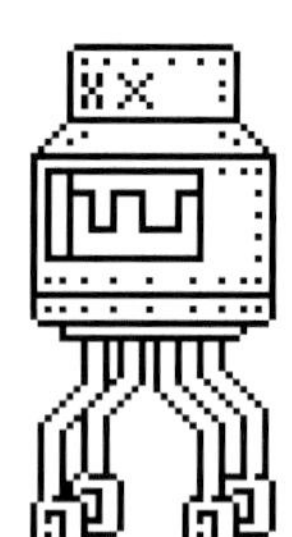

SPACE SHUTTLE

Nur das Beste für die Gäste.
Aus der Chemieküche
der Lebensmittelindustrie.

Nur Vorteile:

haltbar
viel Zucker
viel Farbe
viel und mit ❤

Abschäumen:
Mit einem Schaumlöffel oder einer kleinen Kelle alle Verunreinigungen abschöpfen, die während des Garens an der Oberfläche einer Brühe steigen. Vorgang immer wieder wiederholen, bis keine Verunreinigungen mehr entstehen.

Abschrecken:
Das Gargut in gesalzenem Wasser aufkochen, durch ein Sieb abgießen und in Eiswasser abschrecken.

Blanchieren:
Rohe Lebensmittel kurz in kochendes Wasser geben, abgießen und abschrecken. Zum Abschrecken in einer großen Schüssel 1:1 Wasser und Eiswürfel mischen. Das blanchierte Gemüse nicht in Eiswasser übernachten lassen (fühle mit deiner Hand die Temperatur deines Gemüses), dann die Eiswürfel herausheben, das Gemüse durch ein flaches Sieb abgießen und abtropfen lassen. In eine Schüssel oder zurück in den Topf geben, sofort mit Klarsichtfolie abdecken und ca. 30 Minuten im Kühlschrank ruhen lassen, dann verarbeiten.

Haut abziehen von Tomaten und Paprika:
Tomaten und Paprika in heißem Fett (Fritteuse oder Topf) bei 160 °C frittieren, bis sich die Haut löst, anschließend abschrecken. Alternativ blanchieren und anschließend die Haut abziehen.

Passieren:
Die Flüssigkeit durch ein Sieb oder Tuch gießen, um sie zu filtern. Dazu eignet sich ein feinmaschiges Haushaltssieb, legt man ein Käsetuch hinein, wird das Ergebnis noch feiner. Dicke Suppen kann man mit einem Stößel durch das Sieb drücken.

Pochieren:
Ein Lebensmittel, in unserem Fall Eier, in Flüssigkeit bei leichtem, aber konstantem Simmern garen. Einen großen Topf ca. 5 cm hoch mit Wasser und etwas Essig befüllen und so erhitzen, dass es gerade noch nicht kocht. Ein Ei in einer Tasse vorsichtig aufschlagen. Das Wasser mit dem Kochlöffel kräftig rühren, sodass in der Mitte ein Strudel entsteht, und das Ei hineingeben. Der Wasserstrudel hält das Eiweiß zusammen. Das Ei je nach gewünschtem Härtegrad nach 2—4 Minuten mit einem Schaumlöffel aus dem Wasser heben.

Roux:
Eine Roux ist eine Mehlschwitze oder auch Einbrenne genannt, die zu gleichen Teilen aus Mehl und Butter besteht. Mit ihr bindet man Suppen und Saucen. Je nach Verwendung wird die gewünschte Tönung durch kürzeres oder längeres Anschwitzern erreicht:

Roux weiß:
Butter in einem Topf mit dickem Boden zerlassen, bis sie Farbe annimmt. Nach und nach das Mehl einrühren und unter Rühren anschwitzen, bis der Geschmack von rohem Mehl verschwunden ist. Vom Herd nehmen und vor dem Binden abkühlen lassen.

Roux blond:
Wie bei der weißen Roux vorgehen, aber unter ständigem Rühren weiter schwitzen lassen, bis das Mehl eine beige Tönung angenommen hat.

Roux braun:
Wie bei der weißen Roux vorgehen, aber langsam und unter ständigem Rühren rösten, bis das Mehl eine hellbraune Tönung angenommen hat.

Käfigdenken überlassen wir anderen.

Püreesuppen

Blumenkohlsuppe mit Ras el-hanout ↪77
Grüne Erbsensuppe ↪61
Kalte Gurkensuppe ↪60
Karotte & Lauch ↪76
Knollensellerie & Apfel ↪74
Kürbissuppe ↪134
Rote Spitzpaprika ↪72
Spargel ↪87
Tomatensuppe ↪64
Tomatensuppe mit Mozzarella ↪144

Herzhafte Suppen

Bouillabaisse ↪174
Buttermilch-Bohnen-Suppe ↪141
Cazuela de pollo (Hühnersuppe) ↪143
Chowder ↪156
Graupen ↪78
Graupensuppe mit Pökelfleisch und Meerrettich ↪139
Grüne Bohnen mit Rindfleisch ↪117
Grüner Borschtsch ↪135
Hühnersuppe ↪145
Hummerbrotsuppe ↪84
Kanadischer Wildlachs-Chowder ↪152
Kartoffelbrotsuppe ↪83
Kürbisbrotsuppe ↪82
Soljanka ↪167
Südtiroler Gerstsuppe ↪138
Zwiebelbrotsuppe ↪81

Süße Suppen

Britische Kekssuppe ↪196
Brottrunksuppe mit Sauerteigcreme ↪202
Melonenkaltschale ↪225
Milchsuppe mit Öhrchennudeln ↪210
Wassermelonensuppe ↪226
Weißbiersuppe ↪203

Herzhafte Eintöpfe und Verwandtes

Blindhuhneintopf ↪165
Curry mit Knacker ↪97
Currywurstgulasch ↪126
Eintopf mit Lamm und Gemüse ↪164
Eintopf von gelben Erbsen ↪63
Holländischer Fischeintopf für Krisenzeiten ↪157
Irish Beef Stew ↪170
Japanischer Rindereintopf ↪168
Kartoffel & Kürbis ↪75
Kartoffel ↪65
Kartoffel-Lauch-Eintopf ↪98
Kochschinken at its best ↪109
Kürbis-Kichererbsen-Eintopf ↪140
Linsen ↪71
Linseneintopf mit Schweinefuß, Gänseleber und Karotten ↪110
Linsen-Mairübchen-Eintopf mit Ente ↪106
My Stew – Rindfleisch mit Knödeln ↪171
Nikujaga (japanischer Rindereintopf) ↪168
Philippinisches Hähnchen nach Großvaters Art ↪148
Provenzalischer Schmortopf ↪159
Rinderbrusteintopf ↪160
Rindfleisch mit Knödeln ↪171
Saure-Bohnen-Eintopf mit Schweinebauch ↪169
Steckrübeneintopf ↪67
Ungarisches Lecsó mit Lamm ↪105
Weiße Bohne ↪68

Süße Eintöpfe und Verwandtes

Besoffener Schwarzbroteintopf ↪219
Birne-Basilikum-Cappuccino ↪229
Birnen-Zimt-Eintopf ↪209
Gelbe Bete + Apfel mit Buchweizenklößchen ↪199
Gelierte Quitte mit Currykaramell und Wackelpudding ↪228
Grapefruitgrütze ↪227
Kirsche-Portwein-Vanille ↪207
Kokos-Earl-Grey-Cappuccino ↪229
Rübensirup ↪213
Milchbrötchen & Rübensirup ↪213
Orangen & Pflaumen ↪208
Orangeneintopf ↪222
Pfirsicheintopf mit Oloroso-Sherry und Sternanis ↪215
Rhabarbersago mit süßem Eierstich ↪214
Sardischer Wildbirnen-Graupen-Eintopf ↪204
Traubenmelange mit Kamillenstreuseln ↪198

REZEPTVERZEICHNIS

Brühen und Saucen

Fischbrühe ↪42
Geflügelbrühe ↪38
Kalbsbrühe ↪41
Krustentierbrühe ↪45
Périgordtrüffeljus ↪4
Rinderbrühe ↪41
Sauce Allemande ↪51
Sauce Béchamel ↪48
Sauce Mornay ↪48
Spargelbrühe ↪46

Gratins

Fenchelgratin ↪100
Gratin von Schweinefüßen ↪113
Gratinierte Eier mit Rahmlauch ↪103
Kürbisgratin ↪94
Nudelgratin ↪90
Rosenkohlauflauf ↪93
Zucchinigratin ↪94

Brei

Blumenkohl-Erbse ↪55
Brokkoli-Kartoffel ↪54
Erbse-Kartoffel ↪54
Erbse-Knollensellerie ↪54
Fenchel-Lauch-Kartoffel ↪55
Karotte-Apfel ↪54
Karotte-Apfel-Knollensellerie ↪55
Kartoffel-Karotte ↪54
Kartoffel-Lauch ↪54
Knollensellerie-Apfel ↪55
Pastinake-Rote-Bete ↪55
Pastinake-Spinat ↪55
Rote-Bete-Apfel-Kartoffel ↪55
Spinat-Lauch ↪55

Spezialitäten

Burgunderschnecken in Estragon ↪189
Chicorée und Kalbsnieren in Rahmsauce ↪120
Curryhummer (Resteverwertung) ↪45
Currykrebse (Resteverwertung) ↪45
Fischrillettes (Resteverwertung) ↪42
Herzmuscheln mit Thymian ↪177
Kalbfleisch mit Fenchel (Resteverwertung) ↪41
Kalbshaxe ↪114
Kalbsnieren in Senfsauce ↪119
Kalbszunge à la crème ↪123
Kokos-Earl-Grey-Cappuccino ↪229
Königskrabbe mit russischem Krautsalat ↪153
Lohses Nudelwasser ↪56
Mango-Lassi ↪75
Meerforelle blau mit Zaziki ↪158
Muscheln aus dem Kräutersud ↪185
Nudeln in gezuckerter Tomatensauce ↪210
Penne mit Tomatensauce ↪57
Puddinghauptstadt ↪220
Rindfleisch mit Fenchel (Resteverwertung) ↪41
Rührei mit Blutwurst ↪184
Russische Melonski ↪216
Säfte ↪192
Sardinen in Olivenpaste ↪186
Schinken-Petersilien-Sülze ↪183
Space Shuttle ↪231
St. Jacques Nantua ↪176
Wan Tan ↪147
Wurstbrei ↪131
Zerklopfte Eier mit Rauchlachsforelle und Essigsahne ↪179
Zerklopfte Eier mit Stopfleber, schwarzem Trüffel und Trüffeljus ↪180

Apfel
- Apfel-Hafer-Eintopf ↪195
- Brottrunksuppe mit Sauerteigcreme ↪202
- Gelbe Bete + Apfel mit Buchweizenklößchen ↪199
- Karotte + Lauch ↪76
- Karotte-Apfel-Brei ↪54
- Karotte-Apfel-Knollensellerie-Brei ↪55
- Knollensellerie & Apfel ↪74
- Knollensellerie-Apfel-Brei ↪55
- Rote-Bete-Apfel-Kartoffel-Brei ↪55
- Traubenmelange mit Kamillenstreuseln ↪198

Artischocken
- Kochschinken at its best ↪109

B

Basilikum
- Basilikum-Eiswürfel ↪57
- Birne-Basilikum-Cappuccino ↪229

Beeren
- Kirsche Portwein Vanille satt ↪207
- Melonenkaltschale ↪225
- Orangen + Pflaumen ↪208

Besoffener Schwarzbrot-eintopf mit...Hicks... ↪219

Bier
- Weißbiersuppe ↪203

Birne
- Birne-Basilikum-Cappuccino ↪229
- Birnen-Zimt-Topf ↪209
- Sardischer Wildbirnen-Graupen-Eintopf ↪204

Blindhuhn-Eintopf ↪165

Blumenkohl
- Blumenkohl-Erbsen-Brei ↪55
- Blumenkohlsuppe mit Ras el-hanout ↪77

Blutwurst
- Rührei mit Blutwurst ↪184

Bohnen
- Blindhuhn-Eintopf ↪165
- Buttermilch-Bohnen-Suppe ↪141
- Grüne Bohnen mit Rindfleisch ↪117
- Kürbis-Kichererbsen-Eintopf ↪140
- Saure-Bohnen-Eintopf mit Schweinebauch ↪169
- Ungarisches Lecsó mit Lamm ↪105
- Weiße Bohne ↪68

Borschtsch
- Grüner Borschtsch ↪135

Bouillabaisse ↪174

Bouquet garni ↪35

Brennnesseln
- Grüner Borschtsch ↪135

Britische Kekssuppe ↪196

Brokkoli
- Brokkoli-Kartoffel-Brei ↪54

Brot
- Besoffener Schwarzbrot-eintopf mit...Hicks... ↪219
- Brottrunksuppe mit Sauerteigcreme ↪202
- Hummerbrotsuppe ↪84
- Kartoffelbrotsuppe ↪83
- Kürbisbrotsuppe ↪82
- Rosenkohlauflauf ↪93
- Wurstbrei ↪131
- Zwiebelbrotsuppe ↪81

Buchweizen
- Gelbe Bete + Apfel mit Buchweizenklößchen ↪199

Büffelmozzarella
- Tomatensuppe ↪144

Burgunderschnecken in Estragon ↪189

Buttermilch
- Buttermilch-Bohnen-Suppe ↪141

Calamansi
- Philippinisches Hähnchen nach Großvaters Art ↪148

Cappuccino
- Birne-Basilikum-Cappuccino ↪229
- Kokos-Earl-Grey-Cappuccino ↪229

Cazuela de pollo a la alemana ↪145

Chayote
- Philippinisches Hähnchen nach Großvaters Art ↪148

Chicorée
- Chicorée und Kalbsnieren in Rahmsauce ↪120

Chowder ↪156

Clotted Cream
Apfel-Hafer-Eintopf ↪195

Couscous
Blumenkohlsuppe mit Ras el-hanout ↪77

Crostini
Fischrillettes (Resteverwertung) ↪42

Curry
Curry mit Knacker ↪97
Kartoffel & Kürbis ↪75
Tomatensuppe ↪144
Curryhummer (Resteverwertung) ↪45

Currykaramell
Gelierte Quitte mit Currykaramell und Wackelpudding ↪228

Currykrebse (Resteverwertung) ↪45

Currywurst-Gulasch ↪126

D

Dashi
Nikujaga ↪168

E

Earl Grey
Kokos-Earl-Grey-Cappuccino ↪229

Ei
Besoffener Schwarzbroteintopf mit…Hicks… ↪219
Gratinierte Eier mit Rahmlauch ↪103
Grüner Borschtsch ↪135
Rhababasago mit süßem Eierstich ↪214
Rührei mit Blutwurst ↪184
Zerklopfte Eier mit Räuchlachs und Essigsahne ↪179
Zerklopfte Eier mit Stopfleber, schwarzem Trüffel und Trüffeljus ↪180

Eierlikör
Besoffener Schwarzbroteintopf mit…Hicks… ↪219

Eierstich
Rhababasago mit süßem Eierstich ↪214

Eintopf mit Lamm und Gemüse ↪164

Eintopf von gelben Erbsen ↪123

Ente
Linsen-Mairübchen-Eintopf mit Ente ↪106

Entenschmalz
Orangeneintopf ↪222

Erbsen
Blumenkohl-Erbsen-Brei ↪55
Eintopf von gelben Erbsen ↪63
Erbsen-Kartoffel-Brei ↪54
Erbsen-Knollensellerie-Brei ↪54
Grüne Erbsensuppe ↪61

Erdbeeren
Brottrunksuppe mit Sauerteigcreme ↪202
Rhababasago mit süßem Eierstich ↪214

Estragonsauce
Burgunderschnecken in Estragon ↪189

F

Fenchel
Fenchelgratin ↪100
Fenchel-Lauch-Kartoffel-Brei ↪55
Herzmuscheln mit Thymian ↪177
Kalbfleisch mit Fenchel (Resteverwertung) ↪41
Rindfleisch mit Fenchel (Resteverwertung) ↪41
Sardinen in Olivenpaste ↪186

Fisch
Bouillabaisse ↪178
Chowder ↪156
Fischbrühe ↪42
Fischrillettes (Resteverwertung) ↪42
Holländischer Fischeintopf für Krisenzeiten ↪157
Kanadischer Wildlachs-Chowder ↪152
Meerforelle blau mit Zaziki ↪158
Zerklopfte Eier mit Rauchlachs und Essigsahne ↪179

Fischsauce
Philippinisches Hähnchen nach Großvaters Art ↪148

Flunder
Holländischer Fischeintopf für Krisenzeiten ↪157

G

Gänseleber
Linseneintopf mit Schweinefuß, Gänseleber und Karotten ↪110
Zerklopfte Eier mit Stopfleber , schwarzem Trüffel und Trüffeljus ↪180

Geflügelbrühe ↪38

Gelbe Beete
Kalbshaxe ↪114
Gelbe Bete + Apfel mit Buchweizenklößchen ↪199
Gelierte Quitte mit Curry-karamell und Wackel-pudding ↪228
Gemüsebrühe ↪37

Gerste
Südtiroler Gerstsuppe ↪138

Gewürzgurken
OWL-Currywurst-Gulasch ↪126
Soljanka ↪167
Wurstbrei ↪131

Glasnudeln
Nikujaga ↪168

Grand Marnier
Orangeneintopf ↪222

Grapefruit
Grapefruitgrütze ↪227

Gratin von Schweinefüßen ↪113

Gratinierte Eier mit Rahmlauch ↪103

Graupen
Graupensuppe ↪78
Graupensuppe mit Pökelfleisch und Meerrettich ↪139
Sardischer Wildbirnen-Graupen-Eintopf ↪204

Grüne Bohnen mit Rindfleisch ↪117

Grüne Erbsensuppe ↪61

Grüner Borschtsch ↪135

Sauerampfer
Grüner Borschtsch ↪135

Grütze
Grapefruitgrütze ↪227

Gruyère
Gratinierte Eier mit Rahmlauch ↪103
Nudelgratin ↪90
Sauce Mornay ↪48
St. Jacques Nantua ↪176
Zucchinigratin ↪94
Zwiebelbrotsuppe ↪81

Gurke
Kalte Gurkensuppe ↪60
Meerforelle blau mit Zaziki ↪158

H

Hackfleisch
Rosenkohlauflauf ↪93

Haferflocken
Apfel-Hafer-Eintopf ↪110

Hähnchen
Geflügelbrühe ↪38
Hühnersuppe ↪145
Philippinisches Hähnchen nach Großvaters Art ↪148

Herzmuscheln mit Thymian ↪177

Himbeeren
Melonenkaltschale ↪225

Holländischer Fischeintopf für Krisenzeiten ↪157

Hühnersuppe ↪145

Hummer
Curryhummer (Resteverwertung) ↪45
Hummerbrotsuppe ↪84
Krustentierbrühe ↪45

I

Ingwer
Orangeneintopf ↪222
Philippinisches Hähnchen nach Großvaters Art ↪148

Ingwersaft
Kartoffel-Lauch-Eintopf ↪98

Irish Beef Stew ↪170

J

Jakobsmuscheln
St. Jacques Nantua ↪176

Joghurt
Kalte Gurkensuppe ↪160
Mango-Lassi ↪75
Meerforelle blau mit Zaziki ↪158
Melonenkaltschale ↪225

Joghurteiswürfel
Melonenkaltschale ↪225

Johannisbeeren
Orangen + Pflaumen ↪208

Kalb
Chicorée und Kalbsnieren in Rahmsauce ↪120
Kalbfleisch mit Fenchel (Resteverwertung) ↪41
Kalbsbrühe ↪41
Kalbshaxe ↪114
Kalbsnieren in Senfsauce ↪119
Kalbszunge à la crème ↪119

Kalte Gurkensuppe ↪60

Kamille
Traubenmelange mit Kamillenstreuseln ↪198

Kanadischer Wildlachs-Chowder ↪152

Kapern
Kalbszunge à la crème ↪119

Karamell
Gelierte Quitte mit Currykaramell und Wackelpudding ↪228

Karotte
Curry mit Knacker ↪97
Karotte & Lauch ↪76
Karotte-Apfel-Brei ↪54
Karotte-Apfel-Knollensellerie-Brei ↪55
Kartoffel-Karotten-Brei ↪54
Linseneintopf mit Schweinefuß, Gänseleber und Karotten ↪110

Kartoffel
Bouillabaisse ↪174
Brokkoli-Kartoffel-Brei ↪54
Curry mit Knacker ↪97
Erbsen-Kartoffel-Brei ↪54
Fenchel-Lauch-Kartoffel-Brei ↪55
Kartoffel & Kürbis ↪75
Kartoffelbrotsuppe ↪83
Kartoffeleintopf ↪65
Kartoffel-Karotten-Brei ↪54
Kartoffel-Lauch-Brei ↪54
Kartoffel-Lauch-Eintopf ↪98
Nikujaga ↪168
Provenzalischer Schmortopf ↪159
Saure-Bohnen-Eintopf mit Schweinebauch ↪169

Kekse
Britische Kekssuppe ↪196

Ketchup
Nudeln in gezuckerter Tomatensauce ↪210

Kichererbsen
Kürbis-Kichererbsen-Eintopf ↪140

Kirschen
Kirsche Portwein Vanille satt ↪207

Knödel
My Stew 171 ↪171

Knollensellerie
Erbsen-Knollensellerie-Brei ↪54
Karotte-Apfel-Knollensellerie-Brei ↪55
Knollensellerie & Apfel ↪74
Knollensellerie-Apfel-Brei ↪55

Kochschinken at its best ↪196

Kokos-Earl-Grey-Cappuccino ↪229

Kräutersud
Muscheln aus dem Kräutersud ↪185

Krautsalat
Königskrabbe mit russischem Krautsalat ↪153

Krebse und Krabben
Königskrabbe mit russischem Krautsalat ↪153
Krustentierbrühe ↪48
Currykrebse (Resteverwertung) ↪45

Kristall-Thymian
Sardischer Wildbirnen-Graupen-Eintopf ↪204

Krustentierbrühe ↪48

Kumquats
Orangen + Pflaumen ↪208
Orangeneintopf ↪222

Kürbis
Kartoffel & Kürbis ↪75
Kürbisbrotsuppe ↪82
Kürbisgratin ↪94
Kürbis-Kichererbsen-Eintopf ↪140
Kürbissuppe ↪134

Kürbiskerne
Kürbissuppe ↪134

L

Lakritzsirup
Brottrunksuppe mit Sauerteigcreme ↪202

Lamm
Eintopf mit Lamm und Gemüse ↪164
Ungarisches Lecsó mit Lamm ↪105

Lauch
Bouquet garni ↪35
Fenchel-Lauch-Kartoffel-Brei ↪55
Gratinierte Eier mit Rahmlauch ↪103
Karotte & Lauch ↪76
Kartoffel-Lauch-Brei ↪54
Spinat-Lauch-Brei ↪55

Linsen
Linseneintopf ↪71
Linseneintopf mit Schweinefuß, Gänseleber und Karotten ↪110
Linsen-Mairübchen-Eintopf mit Ente ↪106
My Stew ↪76

Lohses Nudelwasser ↪56

M

Madeira
Périgordtrüffeljus ↪47
Zwiebelbrotsuppe ↪81

Mairübchen
Linsen-Mairübchen-Eintopf mit Ente ↪106
My Stew ↪171

Mais
Hühnersuppe ↪145
Kürbis-Kichererbsen-Eintopf ↪140

Mango
Mango-Lassi ↪75

Mangold
Weiße Bohne ↪68

Maracujasaft
Pfirsicheintopf mit Oloroso-Sherry und Sternanis ↪215

Markknochen
Rinderbrusteintopf ↪160

Meeresfrüchte
Herzmuscheln mit Thymian ↪177
Hummerbrotsuppe ↪84
Königskrabbe mit russischem Krautsalat ↪153
Krustentierbrühe ↪45
Muscheln aus dem Kräutersud ↪185
St. Jacques Nantua ↪176
Currykrebse (Resteverwertung) ↪45

Meeresforelle blau mit Zaziki ↪158

Meerrettich
Graupensuppe mit Pökelfleisch und Meerrettich ↪139

Melone
Melonenkaltschale ↪225
Russische Melonski ↪216
Wassermelonensuppe ↪226

Miesmuscheln
Muscheln aus dem Kräutersud ↪185

Milchbrötchen + Rübensirup ↪213

Milchsuppe mit Öhrchennudeln ↪210

Morcheln
Eintopf mit Lamm und Gemüse ↪164

Mozzarella
Tomatensuppe ↪144

Muscheln
Herzmuscheln mit Thymian ↪177
Muscheln aus dem Kräutersud ↪185

My Stew ↪178

N

Nieren
Chicorée und Kalbsnieren in Rahmsauce ↪120
Kalbsnieren in Senfsauce ↪119

Nikujaga ↪168

Nudeln
Lohses Nudelwasser ↪56
Milchsuppe mit Öhrchennudeln ↪210
Nudelgratin ↪90
Nudeln in gezuckerter Tomatensauce ↪210
Penne mit Tomatensauce ↪57

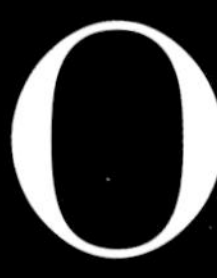

Oliven
- Provenzalischer Schmortopf ↪159
- Sardinen in Olivenpaste ↪186

Orange
- Kirsche Portwein Vanille satt ↪207
- Orangen + Pflaumen ↪208
- Orangeneintopf ↪222

OWL-Currywurst-Gulasch ↪126

P

Pak Choi
- Eintopf mit Lamm und Gemüse ↪164
- Philippinisches Hähnchen nach Großvaters Art ↪148

Paprika
- Hühnersuppe ↪145
- Rote Spitzpaprika ↪72
- Soljanka ↪167
- Ungarisches Lecsó mit Lamm ↪105

Parmesan
- Fenchelgratin ↪100
- Kürbisgratin ↪94

Passionsfruchtsaft
- Pfirsicheintopf mit Oloroso-Sherry und Sternanis ↪215

Pastinake
- My Stew ↪171
- Pastinake-Rote-Bete-Brei ↪55
- Pastinake-Spinat-Brei ↪55

Pecorino
- Sardischer Wildbirnen-Graupen-Eintopf ↪204

Penne mit Tomatensauce ↪57

Périgordtrüffeljus ↪47

Petersilie
- Schinken-Petersilien-Sülze ↪183

Petersilienwurzel
- Kalbszunge à la crème ↪123
- Weiße Bohne ↪68

Pfirsich
- Pfirsicheintopf mit Oloroso-Sherry und Sternanis ↪215
- Wassermelonensuppe ↪226

Pflaumen
- Orangen + Pflaumen ↪208
- Philippinisches Hähnchen nach Großvaters Art ↪148

Pilze
- Eintopf mit Lamm und Gemüse ↪164
- Gemüsebrühe ↪37
- Gratin von Schweinefüßen ↪113
- Irish Beef Stew ↪170
- Kochschinken at its best ↪109
- Krustentierbrühe ↪45

Pökelfleisch
- Graupensuppe mit Pökelfleisch und Meerrettich ↪139

Portwein
- Kirsche Portwein Vanille satt ↪207
- Orangen + Pflaumen ↪208
- Périgordtrüffeljus ↪47

Provenzalischer Schmortopf ↪159

Puddinghauptstadt ↪220

Quitte
- Gelierte Quitte mit Currykaramell und Wackelpudding ↪164

Rahm
- Chicorée und Kalbsnieren in Rahmsauce ↪120
- Gratinierte Eier mit Rahmlauch ↪103

Ras el-hanout
- Blumenkohlsuppe mit Ras el-hanout ↪77

Reis
- Hühnersuppe ↪145
- Philippinisches Hähnchen nach Großvaters Art ↪148

Rhabarber
- Rhababasago mit süßem Eierstich ↪214

Rind
Grüne Bohnen mit Rindfleisch ↪117
Irish Beef Stew ↪170
Kürbis-Kichererbsen-Eintopf ↪140
My Stew ↪171
Nikujaga ↪168
Provenzalischer Schmortopf ↪159
Rinderbrühe ↪41
Rinderbrusteintopf ↪160
Rindfleisch mit Fenchel (Resteverwertung) ↪41
Wurstbrei ↪131

Rosenkohl
Rosenkohlauflauf ↪93

Rote Beete
Kalbshaxe ↪114
Pastinake-Rote-Bete-Brei ↪55
Rote-Bete-Apfel-Kartoffel-Brei ↪55

Rote Spitzpaprika ↪72

Rotwein
Irish Beef Stew ↪170

Rübensirup
Milchbrötchen + Rübensirup ↪213

Rührei mit Blutwurst ↪184

Russische Melonski ↪216

S

Säfte ↪192

Sambuca
Sardischer Wildbirnen-Graupen-Eintopf ↪204

Sardinen
Sardinen in Olivenpaste ↪186

Sauce Allemande ↪51

Sauce Béchamel
Grundrezept ↪48
Kalbszunge à la crème ↪123
Kürbisbrotsuppe ↪82
Kürbisgratin ↪94
Zucchinigratin ↪94

Sauce Mornay
Fenchelgratin ↪100
Grundrezept ↪48
Nudelgratin ↪90
St. Jacques Nantua ↪176
Zucchinigratin ↪94

Sauerkirschen
Kirsche Portwein Vanille satt ↪207

Sauerkrautsaft
Rote Spitzpaprika ↪72

Saure-Bohnen-Eintopf mit Schweinebauch ↪169

Schälerbsen
Eintopf von gelben Erbsen ↪63

Schinken
Kochschinken at its best ↪109
Nudelgratin ↪90
Schinken-Petersilien-Sülze ↪183
Soljanka ↪167

Schmalz
Orangeneintopf mit Schmalzkeksen ↪222
Rosenkohlauflauf ↪93
Ungarisches Lecsó mit Lamm ↪105

Schnecken
Burgunderschnecken in Estragon ↪189

Schokolade
Besoffener Schwarzbrot-eintopf mit…Hicks… ↪219

Scholle
Holländischer Fischeintopf für Krisenzeiten ↪157

Schwein
Gratin von Schweinefüßen ↪133
Graupensuppe ↪78
Graupensuppe mit Pökelfleisch und Meerrettich ↪139
Linseneintopf mit Schweinefuß, Gänseleber und Karotten ↪110
Rosenkohlauflauf ↪93
Saure-Bohnen-Eintopf mit Schweinebauch ↪169
Soljanka ↪167
Südtiroler Gerstsuppe ↪138
Ungarisches Lecsó mit Lamm ↪105
Wurstbrei ↪131

Scotch
Britische Kekssuppe ↪196

Selchfleisch
Südtiroler Gerstsuppe ↪138

Senfsauce
Kalbsnieren in Senfsauce ↪119

Sherry
Pfirsicheintopf mit Oloroso-Sherry und Sternanis ↪168

– Doppelte
Kraftbrühe des
subjektiven Es

Shortbread
Britische Kekssuppe ↪196

Soljanka ↪167

Space Shuttle ↪231

Spargel
Spargelbrühe ↪46
Spargelcremesuppe ↪87

Speck
Blindhuhn-Eintopf ↪165
Chowder ↪156
Eintopf von gelben Erbsen ↪63
Irish Beef Stew ↪170
Kartoffeleintopf ↪65
Kürbis-Kichererbsen-Eintopf ↪140
Linseneintopf ↪71
Rosenkohlauflauf ↪93
Saure-Bohnen-Eintopf mit Schweinebauch ↪169
Ungarisches Lecsó mit Lamm ↪105

Spinat
Pastinake-Spinat-Brei ↪55
Spinat-Lauch-Brei ↪55
St. Jacques Nantua ↪41

Spitzpaprika
Rote Spitzpaprika ↪72

Spinat-Lauch-Brei ↪55

St. Jacques Nantua ↪176

Stangenbohnen
Buttermilch-Bohnen-Suppe ↪141

Steckrübeneintopf ↪67

Sternanis
Pfirsicheintopf mit Oloroso-Sherry und Sternanis ↪215

Stopfleber
Zerklopfte Eier mit Stopfleber, schwarzem Trüffel und Trüffeljus ↪180

Streusel
Traubenmelange mit Kamillenstreuseln ↪198

Südtiroler Gerstsuppe ↪138

Sülze
Schinken-Petersilien-Sülze ↪183

Suppenhuhn
Geflügelbrühe ↪38

Süsskartoffeln
Hühnersuppe ↪145

T

Taschenkrebse
Currykrebse (Resteverwertung) ↪45
Krustentierbrühe ↪45

Tee
Britische Kekssuppe ↪196
Kokos-Earl-Grey-Cappuccino ↪229

Tomatensuppe ↪64, 144

Traubenmelange mit Kamillenstreuseln ↪198

Trüffel
Kochschinken at its best ↪109
Périgordtrüffeljus ↪47
Zerklopfte Eier mit Stopfleber, schwarzem Trüffel und Trüffeljus ↪180

Trüffeljus
Gratin von Schweinefüßen ↪113
Grundrezept ↪47
Kochschinken at its best ↪109
Zerklopfte Eier mit Stopfleber, schwarzem Trüffel und Trüffeljus ↪180
Ungarisches Lecsó mit Lamm ↪105

W

Wackelpudding
Gelierte Quitte mit Currykaramell und Wackelpudding ↪228

Waldmeister
Rhababasago mit süßem Eierstich ↪214
Weißbiersuppe ↪203

Wan Tan ↪147

Weintrauben
Traubenmelange mit Kamillenstreuseln ↪198

Weißbier
Weißbiersuppe ↪203

Weiße Bohne ↪68

Weißkohl
Königskrabbe mit russischem Krautsalat ↪153

Weißwein
Birnen-Zimt-Topf ↪209
Kalbsnieren
in Senfsaucef ↪119
Orangen + Pflaumen ↪208

Whisky
Apfel-Hafer-Eintopf ↪195

Wildbirnen
Sardischer Wildbirnen-
Graupen-Eintopf ↪204

Wirsing
Holländischer Fischeintopf
für Krisenzeiten ↪157
Weiße Bohne ↪68

Wodka
Russische Melonski ↪216

Wurst
Curry mit Knacker ↪97
OWL-Currywurst-
Gulasch ↪126
Rührei mit Blutwurst ↪184
Ungarisches Lecsó
mit Lamm ↪105

Z

Zaziki
Meerforelle blau
mit Zaziki ↪158

Zerklopfte Eier mit Rauchlachs und Essigsahne ↪179

Zerklopfte Eier mit Stopfleber, schwarzem Trüffel und Trüffeljus ↪180

Ziegenfrischkäse
Besoffener Schwarzbroteintopf mit...Hicks... ↪219

Zimt
Birnen-Zimt-Topf ↪209

Zitronenmelisse
Grüne Erbsensuppe ↪61

Zucchini
Zucchinigratin ↪94

Zuckerrübensirup
Besoffener Schwarzbrotein-
topf mit...Hicks... ↪219
Milchbrötchen
+ Rübensirup ↪213

Zunge
Kalbszunge à la crème ↪213

Zwieback
Grapefruitgrützee ↪227

Zwiebelbrotsuppe ↪81

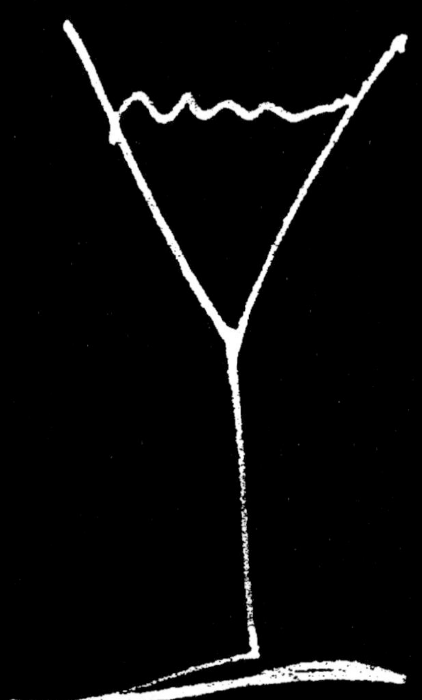

Alkoholische Fruchtcocktails
boiiing und auch ohne
Sprit

———

the end

of course with sprit
or without

3. Auflage 2017

Vielen Dank
liebe Frau Roosen-Trinks,
das Manuskript habe
ich mit Ihrem Montblanc
Füller geschrieben.

Rezepte und Skizzen
Christian Lohse und Freunde, Norbert Krüger, einer unserer Küchenchefs im Fischers Fritz

Verbrauchte Waren
1,6 Tonnen, alle aufgegessen

Text
Ingo Swoboda, Christian Lohse

Fotografie, Styling und Requisite
Jörg Lehmann

Redaktion
Laura Kirschbacher, Ingo Swoboda

Lektorat
Anna-Christiane Gülicher-Loll

Gestaltung und Satz
Dirk Wagner

Reproduktion
Peter Blaschke

Druck und Verarbeitung
Westermann Druck Zwickau GmbH

Printed in Germany
ISBN: 978-3-86528-695-6

Besuchen Sie uns im Internet:
www.umschau-verlag.de

MERCI BEAUCOUP AN ALLE!